¡LA PAZ ESTÉ CON USTEDES!

¡LA PAZ ESTÉ CON USTEDES!

MIS PALABRAS A LA IGLESIA Y AL MUNDO

PAPA LEÓN XIV

HarperCollins *Español*

Los libros de HarperCollins Español pueden adquirirse para propósitos educativos, empresariales o promocionales. Para más información, envíe un correo electrónico a SPsales@harpercollins.com.

hc.com

Título original: *E pace sia! Parole alla Chiesa e al mondo*

Publicado en italiano por el Dicastero per la Comunicazione – Libreria Editrice Vaticana, Ciudad del Vaticano, 2025.

PRIMERA EDICIÓN DE HARPERCOLLINS ESPAÑOL, 2026

Diseño: Yvonne Chan

Este libro ha sido debidamente catalogado en la Biblioteca del Congreso de los Estados Unidos.

ISBN 978-0-06-357219-5

Impreso en los Estados Unidos de América

26 27 28 29 30 LBC 5 4 3 2 1

Contenido

CONTENIDO

CONTENIDO

CONTENIDO

CONTENIDO

CONTENIDO

Prólogo

La paz es uno de los grandes temas de nuestro tiempo y es, a la vez, regalo y compromiso: un don de Dios, edificado por hombres y mujeres a lo largo de los siglos.

Vivimos en un mundo herido por demasiados conflictos y golpeado por sangrientas hostilidades. El amargo nacionalismo pisotea los derechos de los más débiles. Aun antes de ser aplastada en el campo de batalla, la paz es derrotada en el corazón humano cuando cedemos ante el egoísmo y la codicia, y cuando permitimos que prevalezcan los intereses partidistas en lugar de buscar el bien común. Muchos escritores han dicho que al negarnos a escuchar las historias de otras personas comenzamos a privarlas de su dignidad. Despersonalizar a los otros es el primer paso en cualquier guerra. Conocer al prójimo, por otro lado, es avanzar hacia la paz. Pero, para conocer, primero hay que saber amar. Dice San Agustín: «Nadie es conocido sino por la amistad» (*Ochenta y tres cuestiones diversas*, 71).

Quisiera reflexionar aquí sobre esta doble dimensión de la paz, que es vertical (la paz como un don que viene de lo Alto) y horizontal (la paz como responsabilidad de cada persona).

La paz es un don que Dios ha dado a hombres y mujeres de todas las épocas mediante el nacimiento de Jesús en Belén. Los ángeles anunciaron la paz en la Tierra porque Dios se hizo hombre. Abrazó tan profundamente a la humanidad que con su cruz destruyó la enemistad del pecado. Escribe San Agustín: «También nosotros seremos "gloria a Dios en las alturas" cuando, una vez resucitado el cuerpo espiritual, seamos llevados al encuentro con Cristo en las nubes, a condición de que ahora, mientras nos hallamos en la Tierra, busquemos la paz con buena voluntad» (Sermón, 193). La gloria de Dios ha descendido sobre la Tierra para hacernos partícipes de su infinita bondad. Este don pone en acción la responsabilidad de nuestra respuesta, de nuestra «buena voluntad», como nos recuerda el Santo de Hipona.

Además, la paz es el regalo que el Resucitado dio a sus discípulos. Es una paz «herida» por las llagas de la crucifixión, porque la paz de Jesús brota de un corazón que ama y se deja herir por el sufrimiento de cada tiempo y lugar. «Después de la resurrección el Señor se apareció a sus discípulos y los saludó con estas palabras: "Paz a vosotros". Esta es la paz y este el saludo de la salud, pues el saludo trae su nombre de la salud» (San Agustín, Sermón, 116).

Sin embargo, la paz también es un compromiso y una responsabilidad de cada uno de nosotros. La paz es enseñar a los niños a respetar a los demás y a no intimidar a otros cuando juegan. La paz es superar nuestro orgullo personal y hacer espacio para el prójimo, en nuestra familia, en el trabajo o en el deporte. Paz es cuando el silencio, la meditación y la escucha de Dios habitan nuestro corazón y nuestra vida; porque Dios jamás bendice la violencia, nunca aprueba aprovecharse de los demás, ni el abuso frenético de la única Tierra que está desfigurando la Creación, caricia del Creador.

Es posible que nos sintamos impotentes ante las muchas guerras que se libran en el mundo. A esto, que he llamado la «globalización de la impotencia», podemos responder de varias maneras. Los creyentes pueden, ante todo, dar voz a la oración. La oración es una fuerza «desarmada» que busca únicamente el bien común, sin exclusiones. Al orar, desarmamos nuestro ego y nos volvemos capaces de la gratuidad y la sinceridad.

Por otro lado, nuestro corazón es el campo de batalla más importante. Es allí donde debemos aprender la victoria incruenta pero necesaria sobre los impulsos de la muerte y las tendencias hacia la dominación: solo los corazones pacíficos pueden edificar un mundo de paz. Estamos llamados a practicar una cultura de reconciliación, creando talleres de no violencia: lugares donde la sospecha hacia los demás se transforme en una oportunidad de encuentro. El corazón es la fuente de la paz: allí debemos aprender a encontrarnos, en lugar de enfrentarnos los unos contra otros; a confiar y no a desconfiar, a escuchar y comprender en lugar de cerrarnos a los demás.

Finalmente, la política y la comunidad internacional tienen la responsabilidad de facilitar la mediación de conflictos utilizando las artes del diálogo y la diplomacia. «Oh Señor Dios, concédenos tu paz…. la paz para descansar, la paz del Sábado sin anochecer». Con estas palabras de Agustín, pidamos al Padre que conceda a nuestro mundo, y a todas las personas, especialmente a aquellas que han sido olvidadas y que sufren más, la gracia bendita de una paz justa y duradera.

Leo PP. XIV

Ciudad del Vaticano, diciembre 6 de 2025

¡LA PAZ ESTÉ CON USTEDES!

Una paz desarmada y desarmante

Bendición Apostólica Urbi et Orbi - *Primer saludo*

LOGIA CENTRAL DE LA BASÍLICA DE SAN PEDRO

JUEVES, 8 DE MAYO DE 2025

¡La paz esté con todos ustedes!

Queridos hermanos y hermanas, este es el primer saludo de Cristo resucitado, el Buen Pastor, que ha dado la vida por la grey de Dios. También yo quisiera que este saludo de paz entrara en sus corazones, llegara a sus familias, a todas las personas, dondequiera que estén, a todos los pueblos, a toda la tierra. ¡La paz esté con ustedes!

Esta es la paz de Cristo resucitado, una paz desarmada y una paz desarmante, humilde y perseverante. Proviene de Dios, Dios que nos ama a todos incondicionalmente.

Aún conservamos en nuestros oídos la voz débil pero siempre valiente del papa Francisco que bendecía Roma, el Papa mientras bendecía Roma daba su bendición al mundo, al mundo entero, esa mañana del día de Pascua. Permítanme continuar esa misma bendición: Dios nos quiere, Dios los ama a todos, y el mal no prevalecerá. Estamos todos en las manos de Dios. Por lo tanto, sin miedo, unidos, tomados de la mano con Dios y entre nosotros sigamos adelante. Somos discípulos de Cristo. Cristo nos precede. El mundo necesita su luz. La humanidad lo necesita como puente para ser alcanzada por Dios y por su amor. Ayúdennos también ustedes, luego ayúdense unos a otros a construir puentes, con el diálogo, con el encuentro, uniéndonos todos para ser un solo pueblo siempre en paz. ¡Gracias al papa Francisco!

Quiero agradecer también a todos los hermanos cardenales que me han elegido para ser Sucesor de Pedro y caminar junto con ustedes, como Iglesia unida buscando siempre la paz, la justicia, procurando siempre trabajar como hombres y mujeres fieles a Jesucristo, sin miedo, para proclamar el Evangelio, para ser misioneros.

Soy agustino, un hijo de san Agustín, que ha dicho: «Con ustedes soy cristiano y para ustedes, obispo»*. En

---

* Agustín de Hipona, *Sermón* 340, 1.

este sentido podemos caminar todos juntos hacia esa patria que Dios nos ha preparado.

Un saludo especial a la Iglesia de Roma. Debemos buscar juntos cómo ser una Iglesia misionera, una Iglesia que construye puentes dialogando, siempre abierta —como esta plaza— a recibir con los brazos abiertos a todos, a todos aquellos que necesitan nuestra caridad, nuestra presencia, diálogo y amor.

Y si me permiten también una palabra, un saludo a todos y en modo particular a mi querida diócesis de Chiclayo, en el Perú, donde un pueblo fiel ha acompañado a su obispo, ha compartido su fe y ha dado tanto, tanto, para seguir siendo Iglesia fiel de Jesucristo.

A todos ustedes, hermanos y hermanas de Roma, de Italia, de todo el mundo: queremos ser una Iglesia sinodal, una Iglesia que camina, una Iglesia que busca siempre la paz, que busca siempre la caridad, que busca siempre estar cerca especialmente de aquellos que sufren.

Hoy es el día de la Súplica a la Virgen de Pompeya. Nuestra Madre María siempre quiere caminar con nosotros, estar cerca, ayudarnos con su intercesión y su amor. Quisiera, pues, rezar junto con ustedes. Recemos juntos por esta nueva misión, por toda la Iglesia, por la paz en el mundo y pidamos esta gracia especial a María, nuestra Madre: Ave María...

Testigos alegres

Homilía de la Santa Misa pro Ecclesia
celebrada con los cardenales

CAPILLA SIXTINA

VIERNES, 9 DE MAYO DE 2025

Me gustaría repetir las palabras del salmo responsorial: «Cantemos al Señor un cántico nuevo por las proezas que ha realizado» (*Ps* 98,1).

Y, de hecho, no solo conmigo, sino con todos nosotros. Mis hermanos cardenales, mientras celebramos esta mañana, los invito a reconocer las proezas que ha realizado el Señor, las bendiciones que el Señor sigue derramando sobre todos nosotros a través del ministerio de Pedro.

«Tú eres el Mesías, el Hijo de Dios vivo» (*Mt* 16,16). Con estas palabras Pedro, interrogado por el Maestro junto con los otros discípulos sobre su fe en Él, expresa en síntesis el patrimonio que desde hace dos mil años la Iglesia, a través de la sucesión apostólica, custodia, profundiza y trasmite.

Jesús es el Cristo, el Hijo de Dios vivo, es decir, el único Salvador y el que nos revela el rostro del Padre. En Él Dios, para hacerse cercano a los hombres, se ha revelado a nosotros en los ojos confiados de un niño, en la mente inquieta de un joven, en los rasgos maduros de un hombre*, hasta aparecerse a los suyos, después de la resurrección, con su cuerpo glorioso. Nos ha mostrado así un modelo de humanidad santa que todos podemos imitar, junto con la promesa de un destino eterno que, sin embargo, supera todos nuestros límites y capacidades.

Pedro, en su respuesta, asume ambas cosas: el don de Dios y el camino que se debe recorrer para dejarse transformar, dimensiones inseparables de la salvación, confiadas a la Iglesia para que las anuncie por el bien de la humanidad. Nos las confía a nosotros, elegidos por Él antes de que nos formásemos en el vientre materno (cf. *Jr* 1,5), regenerados en el agua del Bautismo y, más allá de nuestros límites y sin ningún mérito propio, conducidos aquí y desde aquí envia-

---

* Concilio Vaticano II, Constitución pastoral *Gaudium et spes*, sobre la Iglesia en el mundo actual, 7 de diciembre de 1965, 22.

dos, para que el Evangelio se anuncie a todas las criaturas (cf. *Mc* 16,15).

Dios, de forma particular, al llamarme a través del voto de ustedes a suceder al Primero de los Apóstoles, me confía este tesoro a mí, para que, con su ayuda, sea su fiel administrador (cf. *1 Co* 4,2) en favor de todo el Cuerpo místico de la Iglesia; de modo que esta sea cada vez más la ciudad puesta sobre el monte (cf. *Ap* 21,1), arca de salvación que navega a través de las mareas de la historia, faro que ilumina las noches del mundo. Y esto no tanto gracias a la magnificencia de sus estructuras y a la grandiosidad de sus construcciones —como los monumentos en los que nos encontramos—, sino por la santidad de sus miembros, de ese «pueblo adquirido para anunciar las maravillas de aquel que los llamó de las tinieblas a su admirable luz» (*1 P* 2,9).

Con todo, por encima de la conversación en la que Pedro hace su profesión de fe, hay otra pregunta: «¿Qué dice la gente —pregunta Jesús— sobre el Hijo del hombre? ¿Quién dicen que es?» (*Mt* 16,13). No es una cuestión banal, al contrario, concierne a un aspecto importante de nuestro ministerio: la realidad

en la que vivimos, con sus límites y sus potenciali-
dades, sus cuestionamientos y sus convicciones.

«¿Qué dice la gente sobre el Hijo del hombre?
¿Quién dicen que es?» (*Mt* 16,13). Pensando en la
escena sobre la que estamos reflexionando, podremos
encontrar dos posibles respuestas a esta pregunta, que
delinean otras tantas actitudes.

En primer lugar, está la respuesta del mundo.
Mateo señala que la conversación entre Jesús y los
suyos acerca de su identidad sucede en la hermosa
ciudad de Cesarea de Filipo, rica de palacios lujo-
sos, engarzada en un paraje natural encantador, a las
faldas del Hermón, pero también sede de círculos
crueles de poder y teatro de traiciones y de infi-
delidades. Esta imagen nos habla de un mundo que
considera a Jesús una persona que carece totalmente
de importancia, como mucho un personaje curioso,
que puede suscitar asombro con su modo insólito
de hablar y de actuar. Y así, cuando su presencia se
vuelva molesta por las instancias de honestidad y
las exigencias morales que solicita, este mundo no
dudará en rechazarlo y eliminarlo.

Hay también otra posible respuesta a la pregunta de Jesús: la de la gente común. Para ellos el Nazareno no es un charlatán, es un hombre recto, un hombre valiente, que habla bien y que dice cosas justas, como otros grandes profetas de la historia de Israel. Por eso lo siguen, al menos hasta donde pueden hacerlo sin demasiados riesgos e inconvenientes. Pero lo consideran solo un hombre y, por eso, en el momento del peligro, durante la Pasión, también ellos lo abandonan y se van, desilusionados.

Llama la atención la actualidad de estas dos actitudes. Ambas encarnan ideas que podemos encontrar fácilmente —tal vez expresadas con un lenguaje distinto, pero idénticas en esencia— en la boca de muchos hombres y mujeres de nuestro tiempo.

Hoy también son muchos los contextos en los que la fe cristiana se retiene un absurdo, algo para personas débiles y poco inteligentes, contextos en los que se prefieren otras seguridades distintas a la que ella propone, como la tecnología, el dinero, el éxito, el poder o el placer.

Hablamos de ambientes en los que no es fácil testimoniar y anunciar el Evangelio y donde se ridiculiza a quien cree, se lo obstaculiza y desprecia, o, a lo sumo, se lo soporta y compadece. Y, sin embargo, precisamente por esto, son lugares en los que la misión es más urgente, porque la falta de fe lleva a menudo consigo dramas como la pérdida del sentido de la vida, el olvido de la misericordia, la violación de la dignidad de la persona en sus formas más dramáticas, la crisis de la familia y tantas heridas más que acarrean no poco sufrimiento a nuestra sociedad.

No faltan tampoco los contextos en los que Jesús, aunque apreciado como hombre, es reducido solamente a una especie de líder carismático o a un superhombre, y esto no solo entre los no creyentes, sino incluso entre muchos bautizados, que de ese modo terminan viviendo, en este ámbito, un ateísmo de hecho.

Este es el mundo que nos ha sido confiado, y en el que, como enseñó muchas veces el papa Francisco, estamos llamados a dar testimonio de la fe gozosa en Jesús Salvador. Por esto, también para nosotros, es esencial repetir: «Tú eres el Mesías, el Hijo de Dios vivo» (*Mt* 16,16).

Es fundamental hacerlo antes de nada en nuestra relación personal con Él, en el compromiso con un camino de conversión cotidiano. Pero también, como Iglesia, viviendo juntos nuestra pertenencia al Señor y llevando a todos la Buena Noticia[*].

Lo digo ante todo por mí, como Sucesor de Pedro, mientras inicio mi misión de Obispo de la Iglesia que está en Roma, llamada a presidir en la caridad la Iglesia universal, según la célebre expresión de san Ignacio de Antioquía[†]. Él, conducido en cadenas a esta ciudad, lugar de su inminente sacrificio, escribía a los cristianos que allí se encontraban: «en ese momento seré verdaderamente discípulo de Cristo, cuando el mundo ya no verá más mi cuerpo»[‡]. Hacía referencia a ser devorado por las fieras del circo —y así ocurrió—, pero sus palabras evocan en un sentido más general un compromiso irrenunciable para cualquiera que en la Iglesia ejercite un ministerio de autoridad: desaparecer para que permanezca

---

[*] id., Constitución dogmática sobre la Iglesia, *Lumen gentium*, 21 de noviembre de 1964, 1.

[†] Ignacio de Antioquía, *Carta a los Romanos*, Proemio.

[‡] *Ibid.*, IV,1.

Cristo, hacerse pequeño para que Él sea conocido y glorificado (cf. *Jn* 3,30), desgastarse hasta el final para que a nadie falte la oportunidad de conocerlo y amarlo.

Que Dios me conceda esta gracia, hoy y siempre, con la ayuda de la tierna intercesión de María, Madre de la Iglesia.

Oración y compromiso

Discurso al Colegio Cardenalicio

AULA DEL SÍNODO

Hermanos cardenales: los saludo y les agradezco a todos por este encuentro y por los días que lo han precedido, dolorosos por la pérdida del Santo Padre Francisco, arduos por las responsabilidades afrontadas juntos y, al mismo tiempo, según la promesa que Jesús mismo nos ha hecho, ricos de gracia y de consolación en el Espíritu (cf. *Jn* 14,25-27).

Ustedes, queridos cardenales, son los más estrechos colaboradores del Papa, y esto me sirve de consuelo al aceptar un yugo que claramente supera no solo mis fuerzas, sino las de cualquier otro. Su presencia me recuerda que el Señor, que me ha confiado esta misión, no me deja solo con la carga de esta responsabilidad. Ante todo, sé que cuento siempre, siempre, con su auxilio, el auxilio del Señor, y, por su Gracia y Providencia, con la cercanía de ustedes y de tantos hermanos y hermanas que en el mundo entero creen en Dios, aman a la Iglesia y sostienen con la oración y las buenas obras al Vicario de Cristo.

Mi agradecimiento al decano del Colegio Cardenalicio, el cardenal Giovanni Battista Re —merece un aplauso, al menos uno, si no más— que, con su sabiduría, fruto de una larga vida y de muchos años de fiel servicio a la Sede Apostólica, nos ha ayudado mucho en este tiempo. También agradezco al camarlengo de la santa Iglesia romana, el cardenal Kevin Joseph Farrell —creo que está aquí presente—, por el valioso y difícil papel que ha desempeñado durante el tiempo de la Sede Vacante y la convocación del cónclave. Dirijo también mi pensamiento a los hermanos cardenales que, por razones de salud, no han podido estar presentes y, junto con ustedes, me uno a ellos en comunión de afecto y oración.

En este momento, a la vez triste y alegre, envuelto providencialmente en la luz de la Pascua, quisiera que contempláramos juntos el tránsito del recordado Santo Padre Francisco y el cónclave como un acontecimiento pascual, una etapa del largo éxodo a través del cual el Señor sigue guiándonos hacia la plenitud de la vida. En esta perspectiva, confiamos al «Padre de las misericordias y Dios de todo consuelo» (*2 Co* 1,3) el alma del Pontífice difunto y también el futuro de la Iglesia.

El Papa, desde san Pedro hasta mí, su indigno sucesor, es un humilde siervo de Dios y de los hermanos, y nada más que esto. Lo han demostrado bien los ejemplos de muchos de mis predecesores, como el del papa Francisco mismo, con su estilo de total dedicación al servicio y de sobria esencialidad de vida, de abandono en Dios durante el tiempo de la misión y de serena confianza en el momento del retorno a la Casa del Padre. Recojamos esta valiosa herencia y retomemos el camino, animados por la misma esperanza que nos viene de la fe.

Es el Resucitado, presente en medio de nosotros, quien protege y guía a la Iglesia, y continúa a reavivarla en la esperanza, a través del amor que «ha sido derramado en nuestros corazones por el Espíritu Santo, que nos ha sido dado» (*Rm* 5,5). A nosotros nos toca ser dóciles oyentes de su voz y ministros fieles de sus designios de salvación, recordando que Dios ama comunicarse, más que en el fragor del trueno o del terremoto, en «el rumor de una brisa suave» (*1 R* 19,12) o, como lo traducen algunos, en una «sutil voz de silencio». Este es el encuentro importante, que no hay que perder, y hacia el cual hay que educar y acompañar a todo el santo Pueblo de Dios que nos ha sido confiado.

En los días pasados hemos podido ver la belleza y sentir la fuerza de esta inmensa comunidad que, con tanto afecto y devoción, ha despedido y llorado a su Pastor, acompañándolo con la fe y la oración hasta su encuentro definitivo con el Señor. Hemos visto cuál es la verdadera grandeza de la Iglesia, que vive en la variedad de sus miembros, unidos a su única Cabeza, Cristo «Pastor y Guardián» (*1 P* 2,25) de nuestras almas. Ella es el vientre en el que también nosotros fuimos generados y, al mismo tiempo, la grey (cf. *Jn* 21,15-17), el campo (cf. *Mc* 4,1-20) que se nos ha entregado para que lo cuidemos y lo cultivemos, lo alimentemos con los Sacramentos de salvación y lo fecundemos con la semilla de la Palabra, de manera que, sólido en la concordia y entusiasta en la misión, camine, como una vez los israelitas en el desierto, a la sombra de la nube y a la luz del fuego de Dios (cf. *Ex* 13,21).

Y a este propósito, quisiera que renováramos

juntos, hoy, nuestra plena adhesión a ese camino, a la vía que desde hace ya decenios la Iglesia universal está recorriendo tras las huellas del Concilio Vaticano II. El papa Francisco ha recordado y actualizado magistralmente su contenido en la exhortación apostólica *Evangelii gaudium*, de la que me gustaría destacar algunas notas fundamentales: el regreso al primado de Cristo en el anuncio; la conversión misionera de toda la comunidad cristiana; el crecimiento en la colegialidad y en sinodalidad; la atención al *sensus fidei* (cf. nn. 119-120), especialmente en sus formas más propias e inclusivas, como la piedad popular; el cuidado amoroso de los débiles y descartados (cf. n. 53)[*]; y el diálogo valiente y confiado con el mundo contemporáneo en sus diferentes componentes y realidades[†].

Se trata de los principios del Evangelio que animan e inspiran, desde siempre, la vida y la obra de la Familia de Dios; de los valores a través de los cuales el rostro misericordioso del Padre se ha revelado y

---

[*] Cf. Francisco, Exhortación Apostólica, *Evangelii gaudium*, sobre el anuncio del Evangelio en el mundo actual, 24 de noviembre de 2013, 11, 9, 33, 119-120, 123, 53.

[†] Cf. *Ibid*, 84; Concilio Vaticano II, Constitución pastoral *Gaudium et spes*, sobre la Iglesia en el mundo actual, 7 de diciembre de 1965, 1-2.

continúa a revelarse en el Hijo hecho hombre, esperanza última de todos los que busquen con ánimo sincero la verdad, la justicia, la paz y la fraternidad*.

Precisamente, al sentirme llamado a proseguir este camino, pensé tomar el nombre de León XIV. Hay varias razones, pero la principal es porque el papa León XIII, con la histórica encíclica *Rerum novarum*, afrontó la cuestión social en el contexto de la primera gran revolución industrial, y hoy la Iglesia ofrece a todos su patrimonio de doctrina social para responder a otra revolución industrial y a los desarrollos de la inteligencia artificial, que comportan nuevos desafíos en la defensa de la dignidad humana, de la justicia y el trabajo.

Queridos hermanos, quisiera terminar esta primera parte de nuestro encuentro haciendo mío —y proponiéndoselo también a ustedes— el deseo que san Pablo VI, en 1963, expresó en el inicio de su ministerio petrino: «Que sobre el mundo entero pase una gran llama de fe y de amor que ilumine a todos los hombres de buena voluntad, allanando los cami-

---

* Cf. Benedicto XVI, Carta encíclica, *Spe salvi*, 30 de noviembre de 2007, 2; Francisco, *Spes non confundit*, Bula de convocación del Jubileo ordinario del Año 2025, 9 de mayo de 2024, 3.

nos de la colaboración recíproca y que atraiga sobre la humanidad, la abundancia de la benevolencia divina, la fuerza misma de Dios, sin cuya ayuda nada vale ni nada es santo»[*].

Que sean también estos nuestros sentimientos y, con la ayuda del Señor, los traduzcamos en oración y compromiso. Gracias.

---

[*] Pablo VI, Primer Mensaje al mundo entero, *Qui fausto die*, 22 de junio de 1963.

De la escucha al servicio

Homilía de la Santa Misa

CRIPTA DE LA BASÍLICA DE SAN PEDRO

DOMINGO, 11 DE MAYO DE 2025

El Evangelio que acabamos de escuchar, en este Domingo del Buen Pastor, dice: «Mis ovejas escuchan mi voz y yo las conozco y ellas me siguen» (*Jn* 10,27).

Pienso en el Buen Pastor, sobre todo en este domingo tan significativo del tiempo pascual. Mientras celebramos el inicio de esta nueva misión, del ministerio al que la Iglesia me ha llamado, no hay mejor ejemplo que Jesucristo mismo, a quien entregamos nuestra vida y de quien dependemos. Jesucristo, a quien seguimos, es el Buen Pastor, y es Él quien nos da la vida: «El camino, la verdad y la vida» (*Jn* 14,6). Por eso celebramos con alegría este día y apreciamos mucho la presencia de ustedes aquí.

Hoy es el Día de la Madre. Creo que solo hay una mamá presente: ¡feliz Día de la Madre! Una de las expresiones más bellas del amor de Dios es el amor que derraman las madres, sobre todo a sus hijos y nietos.

Este domingo es especial por varios motivos: uno de los primeros que mencionaría es el de las vocaciones. Durante los recientes trabajos de los cardenales, antes y después de la elección del nuevo Papa, hemos hablado mucho de las vocaciones en la Iglesia y de lo importante que es que todos nos interroguemos juntos. En primer lugar y, sobre todo, dando buen ejemplo con nuestra vida, con alegría, viviendo la alegría del Evangelio, sin desanimar a los demás, sino buscando más bien formas de animar a los jóvenes a escuchar la voz del Señor, a seguirla y a servir en la Iglesia. «Yo soy el Buen Pastor» (*Jn* 10,11), nos dice Jesús.

Ahora añado una palabra también en italiano, porque esta misión que llevamos adelante ya no se dirige a una sola diócesis, sino a toda la Iglesia: este espíritu universal es importante. Y lo encontramos también en la primera lectura que hemos escuchado (cf. *Hch* 13,14.43-52). Pablo y Bernabé van a Antioquía, primero van a los judíos, pero ellos no quieren escuchar la voz del Señor, y entonces comienzan a anunciar el Evangelio a todo el mundo, a los paganos. Parten, como sabemos, para esta gran misión. San Pablo llega a Roma, donde finalmente la cumple. Otro ejemplo de testimonio de un buen pastor. Pero en ese ejemplo hay también una invitación muy especial para todos nosotros. Lo digo también de manera muy personal: anunciar el Evangelio a todo el mundo.

¡Ánimo! ¡Sin miedo! Muchas veces Jesús dice en el Evangelio: «¡No tengan miedo!». Hay que ser valientes en el testimonio que damos, con la palabra y sobre todo con la vida: dando la vida, sirviendo, a veces con grandes sacrificios, para vivir precisamente esta misión.

He leído una pequeña reflexión que me hace pensar mucho, porque también aparece en el Evangelio. En este sentido, alguien preguntó: «Cuando piensas en tu vida, ¿cómo explicas dónde has llegado?». La respuesta que dan en esta reflexión es, en cierto sentido, también la mía: con el verbo «escuchar». ¡Cuán importante es escuchar! Jesús dice: «Mis ovejas escuchan mi voz» (*Jn* 10,27). Y creo que es importante que todos aprendamos cada vez más a escuchar, para entrar en diálogo. En primer lugar, con el Señor: escuchar siempre la Palabra de Dios. Luego, también escuchar a los demás: saber construir puentes, saber escuchar para no juzgar, no cerrar las puertas, pensando que nosotros tenemos toda la verdad y que nadie más puede decirnos nada. Es muy importante escuchar la voz del Señor, escucharnos a nosotros mismos, en este diálogo, y ver hacia dónde nos llama el Señor.

Caminemos juntos en la Iglesia, pidamos al Señor que nos conceda esta gracia: poder escuchar su Palabra para servir a todo su pueblo.

Desarmar las palabras

Discurso a los representantes de
los medios de comunicación

AULA PABLO VI

LUNES, 12 DE MAYO DE 2025

Hermanos y hermanas, les doy la bienvenida a ustedes, representantes de los medios de comunicación de todo el mundo. Les agradezco el trabajo que han hecho y están haciendo en este tiempo, que para la Iglesia es esencialmente un tiempo de gracia.

En el Sermón de la Montaña Jesús proclamó: «Felices los que trabajan por la paz» (*Mt* 5,9). Se trata de una bienaventuranza que nos desafía a todos y que nos toca de cerca, llamando a cada uno a comprometerse en la realización de un tipo de comunicación diferente, que no busca el consenso a cualquier costo, no se reviste de palabras agresivas, no asume el modelo de la competición, no separa nunca la investigación de la verdad del amor con el que humildemente debemos buscarla. La paz comienza por cada uno de nosotros, por el modo en el que miramos a los demás, escuchamos a los demás, hablamos de los demás; y, en este sentido, el modo en que comunicamos tiene una importancia fundamental; debemos decir «no» a la guerra de las palabras y de las imágenes, debemos rechazar el paradigma de la guerra.

Permítanme entonces reiterar hoy la solidaridad de la Iglesia con los periodistas encarcelados por haber intentado contar la verdad, y por medio de estas palabras también pedir la liberación de los mismos. La Iglesia reconoce en estos testigos —pienso en aquellos que informan sobre la guerra incluso a costa de la vida— la valentía de quien defiende la dignidad, la justicia y el derecho de los pueblos a estar informados, porque solo los pueblos informados pueden tomar decisiones con libertad. El sufrimiento de estos periodistas detenidos interpela la conciencia de las naciones y de la comunidad internacional, pidiéndonos a todos que custodiemos el bien precioso de la libertad de expresión y de prensa.

Gracias, queridos amigos, por su servicio a la verdad. Ustedes han estado en Roma durante estas semanas para informar sobre la Iglesia, su diversidad y, junto a ella, su unidad. Han acompañado los ritos de la Semana Santa, después han trasmitido el dolor por la muerte del papa Francisco, acaecida sin embargo a la luz de la Pascua. Esa misma fe pascual nos ha introducido en el espíritu del cónclave, que los ha visto particularmente comprometidos en jornadas fatigosas y, también en esta ocasión, han conseguido comunicar la belleza del amor de Cristo que nos une a todos y nos hace ser un único pueblo, guiado por el Buen Pastor.

Vivimos tiempos difíciles de atravesar y describir, que representan un desafío para todos nosotros, de los que no debemos escapar. Por el contrario, nos piden a cada uno que, en nuestras distintas responsabilidades y servicios, no cedamos nunca a la mediocridad. La Iglesia debe aceptar el desafío del tiempo y, del mismo modo, no pueden existir una comunicación y un periodismo fuera del tiempo y de la historia. Como nos recuerda san Agustín, que decía: «Vivamos bien, y serán buenos los tiempos. Los tiempos somos nosotros»*.

Gracias, por todo lo que han hecho para abandonar

---

* Agustín de Hipona, *Discurso* 80,8.

los estereotipos y los lugares comunes, a través de los cuales leemos frecuentemente la vida cristiana y la misma vida de la Iglesia. Gracias, porque han conseguido percibir lo esencial de lo que somos y trasmitirlo al mundo entero gracias a los distintos medios de comunicación.

Hoy, uno de los desafíos más importantes es el de promover una comunicación capaz de hacernos salir de la «torre de Babel» en la que a veces nos encontramos, de la confusión de lenguajes sin amor, frecuentemente ideológicos y facciosos. Por eso, su servicio, con las palabras que usan y el estilo que adoptan, es importante. La comunicación, de hecho, no es solo trasmisión de informaciones, sino creación de una cultura, de ambientes humanos y digitales que sean espacios de diálogo y de contraste. Y, considerando la evolución tecnológica, esta misión se hace más necesaria aún. Pienso, particularmente, en la inteligencia artificial con su potencial inmenso, que requiere, sin embargo, responsabilidad y discernimiento para orientar los instrumentos al bien de todos, de modo que puedan producir beneficios para la humanidad. Y esta responsabilidad nos concierne a todos, de acuerdo con la edad y a los roles sociales.

Queridos amigos, aprenderemos con el tiempo a conocernos mejor. Hemos vivido —podemos decir juntos— días verdaderamente especiales. Los hemos, los han compartido a través de los distintos medios de comunicación: la televisión, la radio, la web y las redes sociales. Quisiera que cada uno de nosotros pudiera decir que ellos nos han desvelado una pizca del misterio de nuestra humanidad, y que nos han dejado un deseo de amor y de paz. Por eso, hoy les repito a ustedes la invitación que hizo el papa Francisco en su último mensaje para la Jornada Mundial de las Comunicaciones Sociales. Desarmemos la comunicación de todo prejuicio, rencor, fanatismo y odio; purifiquémosla de la agresividad. No sirve una comunicación estridente, de fuerza, sino más bien una comunicación capaz de escuchar, de recoger la voz de los débiles que no tienen voz. Desarmemos a las palabras y contribuiremos a desarmar a la tierra. Una comunicación desarmada y desarmante nos permite compartir una mirada distinta sobre el mundo y actuar de modo coherente con nuestra dignidad humana.

Ustedes están en primera línea para describir los conflictos y las esperanzas de paz, las situaciones de injusticia y de pobreza, así como el trabajo silencioso de muchos en favor de un mundo mejor. Por eso les pido que elijan de forma juiciosa y valiente el camino de una comunicación para la paz. Gracias a todos. Que Dios los bendiga.

Paz, verdad y justicia

*Discurso con motivo de la Audiencia al Cuerpo
Diplomático acreditado ante la Santa Sede*

SALA CLEMENTINA

VIERNES, 16 DE MAYO DE 2025

En nuestro diálogo, quisiera que predominase siempre el sentido de ser familia —la comunidad diplomática representa, en efecto, la entera familia de los pueblos—, que comparte las alegrías y los dolores de la vida junto con los valores humanos y espirituales que la animan. La diplomacia pontificia es, de hecho, una expresión de la misma catolicidad de la Iglesia y, en su acción diplomática, la Santa Sede está animada por una urgencia pastoral que la impulsa no a buscar privilegios sino a intensificar su misión evangélica al servicio de la humanidad. Esta combate la indiferencia y apela continuamente a las conciencias, como ha hecho incansablemente mi venerado predecesor, siempre atento al clamor de los pobres, los necesitados y los marginados, como también a los desafíos que caracterizan nuestro tiempo, desde la protección de la creación hasta la inteligencia artificial.

Además de ser un signo concreto de la atención que sus países reservan a la Sede Apostólica, su presencia hoy es para mí un don, que permite renovar la aspiración de la Iglesia —y mía personal— de alcanzar y abrazar a cada pueblo y a cada persona de esta tierra, deseosa y necesitada de verdad, de justicia y de paz. En cierto sentido, mi propia experiencia de vida, desplegada entre América del Norte, América del Sur y Europa, pone de manifiesto esta aspiración de traspasar los confines para encontrarse con personas y culturas diferentes.

Por medio del constante y paciente trabajo de la Secretaría de Estado, intento consolidar el conocimiento y el diálogo con ustedes y con sus países, muchos de los cuales he tenido ya la gracia de visitar a lo largo de mi vida, especialmente cuando fui prior general de los Agustinos. Confío en que la Divina Providencia me conceda tener en el futuro ocasión de encontrarme con las realidades de las que ustedes provienen, permitiéndome acoger las oportunidades que se presenten para confirmar en la fe a tantos hermanos y hermanas dispersos por el mundo y construir nuevos puentes con todas las personas de buena voluntad.

En nuestro diálogo, quisiera que tuviéramos presentes las tres palabras clave que constituyen los pilares de la acción misionera de la Iglesia y de la labor de la diplomacia de la Santa Sede.

La primera palabra es *paz*. Muchas veces la consideramos una palabra «negativa», o sea, como mera ausencia de guerra o de conflicto, porque la contraposición es parte de la naturaleza humana y nos acompaña siempre, impulsándonos en demasiadas ocasiones a vivir en un constante «estado de conflicto»; en casa, en el trabajo, en la sociedad. La paz entonces pareciera una simple tregua, una pausa de descanso entre una discordia y otra, porque, aunque uno se esfuerce, las tensiones están siempre presentes, un poco como las brasas que arden bajo las cenizas, prontas a reavivarse en cualquier momento.

En la perspectiva cristiana —como también en la de otras experiencias religiosas— la paz es ante todo un don, el primer don de Cristo: «Les doy mi paz» (*Jn* 14,27). Pero es un don activo, apasionante, que nos afecta y compromete a cada uno de nosotros, independientemente de la procedencia cultural y de la pertenencia religiosa, y que exige en primer lugar un trabajo sobre uno mismo. La paz se construye en el corazón y a partir del corazón, arrancando el orgullo y las reivindicaciones, y midiendo el lenguaje, porque también se puede herir y matar con las palabras, no solo con las armas.

En esta óptica, considero fundamental el aporte que las religiones y el diálogo interreligioso pueden brindar para favorecer contextos de paz. Eso, naturalmente, exige el pleno respeto de la libertad religiosa en cada país, porque la experiencia religiosa es una dimensión fundamental de la persona humana, sin la cual es difícil —si no imposible— realizar esa purificación del corazón necesaria para construir relaciones de paz.

A partir de este trabajo, que todos estamos llamados a realizar, se pueden extirpar las premisas de cualquier conflicto y de cualquier destructiva voluntad de conquista. Esto exige también una sincera voluntad de diálogo, animada por el deseo de encontrarse más que de confrontarse. En esta perspectiva es necesario revitalizar la diplomacia multilateral y esas instituciones internacionales que han sido queridas y pensadas en primer lugar para poner remedio a los conflictos que pudiesen surgir en el seno de la comunidad internacional. Ciertamente, es necesaria también la voluntad de dejar de producir instrumentos de destrucción y de muerte, porque, como recordaba el papa Francisco en su último Mensaje *Urbi et Orbi*, «la paz tampoco es posible sin un verdadero desarme [y] la exigencia que cada pueblo tiene de proveer a su propia defensa no puede transformarse en una carrera general al rearme»[*].

La segunda palabra es *justicia*. Procurar la paz exige practicar la justicia. Como ya he tenido modo de señalar, he elegido mi nombre pensando principalmente en León XIII, el Papa de la primera gran encíclica social, la *Rerum novarum*. En el cambio de época que estamos viviendo, la Santa Sede no puede eximirse de hacer sentir su propia voz ante los numerosos desequilibrios y las injusticias que conducen, entre otras cosas, a condiciones indignas de trabajo y a sociedades cada vez más fragmentadas y conflictivas. Es necesario, además, esforzarse por remediar las

---

[*] Francisco, *Mensaje «Urbi et Orbi»*, 20 de abril de 2025.

desigualdades globales, que trazan surcos profundos de opulencia e indigencia entre continentes, países e, incluso, dentro de las mismas sociedades.

Es tarea de quien tiene responsabilidad de gobierno aplicarse para construir sociedades civiles armónicas y pacíficas. Esto puede realizarse sobre todo invirtiendo en la familia, fundada sobre la unión estable entre el hombre y la mujer, «bien pequeña, es cierto, pero verdadera sociedad y más antigua que cualquiera otra»*. Además, nadie puede eximirse de favorecer contextos en los que se tutele la dignidad de cada persona, especialmente de aquellas más frágiles e indefensas, desde el niño por nacer hasta el anciano, desde el enfermo al desocupado, sean estos ciudadanos o inmigrantes.

Mi propia historia es la de un ciudadano, descendiente de inmigrantes, que a su vez ha emigrado. Cada uno de nosotros, en el curso de la vida, se puede encontrar sano o enfermo, ocupado o desocupado, en su patria o en tierra extranjera. Su dignidad, sin embargo, es siempre la misma, la de una criatura querida y amada por Dios.

---

* León XIII, Carta Encíclica *Rerum novarum*, 15 de mayo de 1891, 9.

La tercera palabra es *verdad*. No se pueden construir relaciones verdaderamente pacíficas, incluso dentro de la comunidad internacional, sin verdad. Allí donde las palabras asumen connotaciones ambiguas y ambivalentes, y el mundo virtual, con su percepción distorsionada de la realidad, prevalece sin control; es difícil construir relaciones auténticas, porque decaen las premisas objetivas y reales de la comunicación.

Por su parte, la Iglesia no puede nunca eximirse de decir la verdad sobre el hombre y sobre el mundo, recurriendo a lo que sea necesario, incluso a un lenguaje franco, que inicialmente puede suscitar alguna incomprensión. La verdad, sin embargo, no se separa nunca de la caridad, que siempre tiene radicada la preocupación por la vida y el bien de cada hombre y mujer. Por otra parte, en la perspectiva cristiana, la verdad no es la afirmación de principios abstractos y desencarnados, sino el encuentro con la persona misma de Cristo, que vive en la comunidad de los creyentes. De ese modo, la verdad no nos aleja; por el contrario, nos permite afrontar con mayor vigor los desafíos de nuestro tiempo, como las migraciones, el uso ético de la inteligencia artificial y la protección de nuestra amada tierra. Son desafíos que requieren el compromiso y la colaboración de todos, porque nadie puede pensar en afrontarlos solo.

Queridos embajadores, mi ministerio comienza en el corazón del año jubilar, dedicado de manera particular a la esperanza. Es un tiempo de conversión y de renovación, y sobre todo la ocasión para dejar atrás las contiendas y comenzar un camino nuevo, animados por la esperanza de poder construir, trabajando juntos, cada uno según sus propias sensibilidades y responsabilidades, un mundo en el que cada uno de nosotros pueda realizar la propia humanidad en la verdad, en la justicia y en la paz. Espero que esto pueda suceder en todos los contextos, empezando por los más que más sufren, como Ucrania y Tierra Santa.

Les agradezco todo el trabajo que hacen para construir puentes entre sus países y la Santa Sede, y de todo corazón los bendigo, bendigo a sus familias y a sus pueblos. Gracias. Y gracias por todo el trabajo que hacen.

Amor y unidad

*Homilía de la celebración eucarística
con motivo del inicio del Ministerio
Petrino del obispo de Roma*

PLAZA DE SAN PEDRO

DOMINGO, 18 DE MAYO DE 2025

Hermanos y hermanas, los saludo a todos con el corazón lleno de gratitud, al inicio del ministerio que me ha sido confiado. Escribía san Agustín: «Nos has hecho para ti, [Señor,] y nuestro corazón está inquieto hasta que descanse en ti»*.

En estos últimos días, hemos vivido un tiempo particularmente intenso. La muerte del papa Francisco ha llenado de tristeza nuestros corazones y, en esas horas difíciles, nos hemos sentido como esas multitudes que el Evangelio describe «como ovejas que no tienen pastor» (*Mt* 9,36). Precisamente en el día de Pascua recibimos su última bendición y, a la luz de la resurrección, afrontamos ese momento

---

* Agustín de Hipona, *Confesiones*, 1,1.1

con la certeza de que el Señor nunca abandona a su pueblo, lo reúne cuando está disperso y lo cuida «como un pastor a su rebaño» (*Jr* 31,10).

Con este espíritu de fe, el Colegio de los Cardenales se reunió para el cónclave; llegando con historias personales y caminos diferentes, hemos puesto en las manos de Dios el deseo de elegir al nuevo sucesor de Pedro, el obispo de Roma, un pastor capaz de custodiar el rico patrimonio de la fe cristiana y, al mismo tiempo, de mirar más allá, para saber afrontar los interrogantes, las inquietudes y los desafíos de hoy. Acompañados por sus oraciones, hemos experimentado la obra del Espíritu Santo, que ha sabido armonizar los distintos instrumentos musicales, haciendo vibrar las cuerdas de nuestro corazón en una única melodía.

Fui elegido sin tener ningún mérito y, con temor y trepidación, *vengo a ustedes como un hermano* que quiere hacerse siervo de su fe y de su alegría, caminando con ustedes por el camino del amor de Dios, que nos quiere a todos unidos en una única familia.

Amor y unidad: estas son las dos dimensiones de la misión que Jesús confió a Pedro.

Nos lo narra ese pasaje del Evangelio que nos

conduce al lago de Tiberíades, el mismo donde Jesús había comenzado la misión recibida del Padre: «pescar» a la humanidad para salvarla de las aguas del mal y de la muerte. Pasando por la orilla de ese lago, había llamado a Pedro y a los primeros discípulos a ser como Él «pescadores de hombres»; y ahora, después de la resurrección, les corresponde precisamente a ellos llevar adelante esta misión: no dejar de lanzar la red para sumergir la esperanza del Evangelio en las aguas del mundo; navegar en el mar de la vida para que todos puedan reunirse en el abrazo de Dios.

¿Cómo puede Pedro llevar a cabo esta tarea? El Evangelio nos dice que es posible solo porque ha experimentado en su propia vida el amor infinito e incondicional de Dios, incluso en la hora del fracaso y la negación. Por eso, cuando es Jesús quien se dirige a Pedro, el Evangelio usa el verbo griego *agapao* —que se refiere al amor que Dios tiene por nosotros, a su entrega sin reservas ni cálculos—, diferente al verbo usado para la respuesta de Pedro, que en cambio describe el amor de amistad, que intercambiamos entre nosotros.

Cuando Jesús le pregunta a Pedro: «Simón, hijo de Juan, ¿me amas?» (*Jn* 21,16), indica pues el amor del

Padre. Es como si Jesús le dijera: solo si has conocido y experimentado el amor de Dios, que nunca falla, podrás apacentar a mis corderos; solo en el amor de Dios Padre podrás amar a tus hermanos «aún más», es decir, hasta ofrecer la vida por ellos.

A Pedro, pues, se le confía la tarea de «amar aún más» y de dar su vida por el rebaño. El ministerio de Pedro está marcado precisamente por este amor oblativo, porque la Iglesia de Roma preside en la caridad y su verdadera autoridad es la caridad de Cristo. No se trata nunca de atrapar a los demás con el sometimiento, con la propaganda religiosa o con los medios del poder, sino que se trata siempre y solamente de amar como lo hizo Jesús.

Él —afirma el mismo apóstol Pedro— «es la piedra que ustedes, los constructores, han rechazado, y ha llegado a ser la piedra angular» (*Hch* 4,11). Y si la piedra es Cristo, Pedro debe apacentar al rebaño sin ceder nunca a la tentación de ser un líder solitario o un jefe que está por encima de los demás, haciéndose dueño de las personas que le han sido confiadas (cf. *1 P* 5,3); por el contrario, a él se le pide servir a la fe de sus hermanos, caminando junto con ellos. Todos, en efecto, hemos sido constituidos «piedras vivas» (*1 P* 2,5), llamados con nuestro Bautismo a construir el edificio de Dios en la comunión fraterna, en la armonía del Espíritu, en la convivencia de las diferencias. Como afirma san Agustín: «Todos los que viven en concordia con los hermanos y aman a sus prójimos son los que componen la Iglesia»[*].

Hermanos y hermanas, quisiera que este fuera nuestro primer gran deseo: una Iglesia unida, signo de unidad y comunión, que se convierta en fermento para un mundo reconciliado.

En nuestro tiempo, vemos aún demasiada discordia, demasiadas heridas causadas por el odio, la violencia, los prejuicios, el miedo a lo diferente, por un paradigma económico que explota los recursos de la tierra y margina a los más pobres. Y nosotros queremos ser, dentro de esta masa, una pequeña levadura de unidad, de comunión y de fraternidad. Nosotros queremos decirle al mundo, con humildad y alegría: ¡miren a Cristo! ¡Acérquense a Él! ¡Acojan su Palabra que ilumina y consuela! Escuchen su propuesta de amor para formar su única familia: *en el único Cristo*

---

[*] *Ibid., Sermón* 359,9.

nosotros somos uno. Y esta es la vía que hemos de recorrer juntos, unidos entre nosotros, pero también con las Iglesias cristianas hermanas, con quienes transitan otros caminos religiosos, con aquellos que cultivan la inquietud de la búsqueda de Dios, con todas las mujeres y los hombres de buena voluntad, para construir un mundo nuevo donde reine la paz.

Este es el espíritu misionero que debe animarnos, sin encerrarnos en nuestro pequeño grupo ni sentirnos superiores al mundo; estamos llamados a ofrecer el amor de Dios a todos, para que se realice esa unidad que no anula las diferencias, sino que valora la historia personal de cada uno y la cultura social y religiosa de cada pueblo.

Hermanos, hermanas, ¡esta es la hora del amor! La caridad de Dios, que nos hace hermanos entre nosotros, es el corazón del Evangelio. Con mi predecesor León XIII, hoy podemos preguntarnos: si esta caridad prevaleciera en el mundo, «¿no parece que acabaría por extinguirse bien pronto toda lucha allí donde ella entrara en vigor en la sociedad civil?»*.

Con la luz y la fuerza del Espíritu Santo, constru-

---

* León XIII, Carta Encíclica *Rerum novarum*, 15 de mayo de 1891, 21.

yamos una Iglesia fundada en el amor de Dios y signo de unidad, una Iglesia misionera, que abre los brazos al mundo, que anuncia la Palabra, que se deja cuestionar por la historia, y que se convierte en fermento de concordia para la humanidad. Juntos, como un solo pueblo, todos como hermanos, caminemos hacia Dios y amémonos los unos a los otros.

En el único Cristo somos uno

*Discurso a las delegaciones ecuménicas
e interreligiosas convenidas para el
inicio del Ministerio Petrino*

SALA CLEMENTINA

LUNES, 19 DE MAYO DE 2025

Uno de los puntos clave del pontificado del papa Francisco ha sido el de la fraternidad universal. En este tema, de verdad que el Espíritu Santo lo ha «impulsado» a dar grandes pasos hacia delante en las aperturas e iniciativas que ya habían comenzado a asumir los pontífices precedentes, sobre todo desde san Juan XXIII. El Papa de la *Fratelli tutti* promovió tanto el camino ecuménico como el diálogo interreligioso, y lo hizo sobre todo cultivando las relaciones interpersonales de modo que, salvaguardando los vínculos eclesiales, se valorizara siempre el aspecto humano del encuentro. Que Dios nos ayude a atesorar su testimonio.

Mi elección ha tenido lugar mientras se conmemora el 1700 aniversario del Primer Concilio Ecuménico de Nicea. Ese Concilio representa una etapa fundamental para la elaboración del credo compartido por todas las Iglesias y comunidades eclesiales. Conforme estamos caminando hacia el restablecimiento de la plena comunión entre todos los cristianos, reconocemos que esta unidad debe ser unidad en la fe. En cuanto obispo de Roma, considero uno de mis deberes prioritarios la búsqueda del restablecimiento de la plena y visible comunión entre todos aquellos que profesan la misma fe en Dios Padre, Hijo y Espíritu Santo.

En realidad, la preocupación por la unidad ha sido siempre una constante en mí, como atestigua el lema que he elegido para mi ministerio episcopal: *In Illo uno unum*, una expresión de san Agustín de Hipona que recuerda que también nosotros, aun siendo muchos, «en Aquel uno —o sea en Cristo—, somos uno»[*]. Nuestra comunión se realiza, en efecto, en la medida que convergemos en el Señor Jesús. Cuanto más le somos fieles y obedientes, más unidos estamos entre nosotros. Por eso, como cristianos, estamos llamados a orar y trabajar juntos para alcanzar

---

[*] Agustín de Hipona, *Enarr. in Ps.*, 127,3.

paso a paso esta meta, que es y será siempre obra del Espíritu Santo.

Consciente, además, de que sinodalidad y ecumenismo están estrechamente relacionados, deseo asegurar mi intención de proseguir el compromiso del papa Francisco en la promoción del carácter sinodal de la Iglesia católica y en el desarrollo de formas nuevas y concretas para una sinodalidad cada vez más intensa en el ámbito ecuménico.

Nuestro camino común puede y debe entenderse también en un sentido amplio, que involucra a todos, según el espíritu de fraternidad humana al que me refería antes. Hoy es tiempo de dialogar y de construir puentes. Y por eso me alegra y agradezco la presencia de los representantes de otras tradiciones religiosas, que comparten la búsqueda de Dios y de su voluntad, que es siempre y únicamente voluntad de amor y de vida para los hombres y mujeres y para todas las criaturas.

Ustedes han sido testigos de los notables esfuerzos realizados por el papa Francisco en favor del diálogo interreligioso. A través de sus palabras y acciones, ha abierto nuevas perspectivas de encuentro, para promover «la cultura del diálogo como camino; la colaboración común como conducta; el conocimiento recíproco como método y criterio»[*]. Y agradezco al Dicasterio para el Diálogo Interreligioso por el papel esencial que desempeña en esta labor paciente de alentar los encuentros y los intercambios concretos, orientados a construir relaciones basadas en la fraternidad humana.

Deseo dirigir un saludo especial a los hermanos y hermanas judíos y musulmanes. Debido a las raíces judías del cristianismo, todos los cristianos tienen una relación particular con el judaísmo. La Declaración conciliar *Nostra aetate*[†] subraya la grandeza del patrimonio espiritual común entre cristianos y judíos, alentando al conocimiento y la estima mutuos[‡]. El diálogo teológico entre cristianos y judíos sigue siendo siempre importante y es muy valioso para mí. Incluso en estos tiempos difíciles, marcados por conflictos y malentendidos, es necesario continuar con entusiasmo este diálogo tan valioso.

Las relaciones entre la Iglesia católica y los musulmanes han estado marcadas por un compromiso

---

[*] Francisco – A. Al-Tayyeb, *Documento sobre la fraternidad humana por la paz mundial y la convivencia común*, Abu Dabi, 4 de febrero de 2019.

[†] Cf. Concilio Vaticano II, Declaración *Nostra aetate* sobre las relaciones de la iglesia con las religiones no cristianas, 29 de junio 1966, 4.

[‡] *Ibid.*, 3.

creciente con el diálogo y la fraternidad, favorecido por el aprecio hacia estos hermanos y hermanas «que adoran al único Dios, viviente y subsistente, misericordioso y todo poderoso, Creador del cielo y de la tierra, que habló a los hombres».* Este enfoque, basado en el respeto mutuo y en la libertad de conciencia, representa una base sólida para construir puentes entre nuestras comunidades.

A todos ustedes, representantes de las demás tradiciones religiosas, les expreso mi gratitud por su participación en este encuentro y por su contribución a la paz. En un mundo herido por la violencia y los conflictos, cada una de las comunidades aquí representadas aporta su sabiduría, su compasión y su compromiso con el bien de la humanidad y el cuidado de la casa común. Estoy convencido de que, si estamos unidos y libres de condicionamientos ideológicos y políticos, podremos ser eficaces al decir «no» a la guerra y «sí» a la paz, «no» a la carrera armamentista y «sí» al desarme, «no» a una economía que empobrece a los pueblos y a la tierra y «sí» al desarrollo integral.

El testimonio de nuestra fraternidad, que espero

---

* *Ibid.*, 3.

podamos manifestar con gestos concretos, sin duda contribuirá a construir un mundo más pacífico, como lo desean en lo más profundo de su corazón todos los hombres y mujeres de buena voluntad.

Queridos amigos, gracias nuevamente por su cercanía. Invoquemos en nuestros corazones la bendición de Dios: que su infinita bondad y sabiduría nos ayude a vivir como hijos suyos y como hermanos y hermanas entre nosotros, para que crezca la esperanza en el mundo. Les agradezco de corazón.

Gracia, fe y justicia

*Homilía con ocasión de la visita
al Sepulcro de San Pablo*

BASÍLICA DE SAN PABLO EXTRAMUROS

MARTES, 20 DE MAYO DE 2025

La lectura bíblica que hemos escuchado es el comienzo de la bellísima carta que san Pablo dirige a los cristianos de Roma, cuyo mensaje gira en torno a tres grandes temas: la *gracia*, la *fe* y la *justicia*. Mientras encomendamos el inicio de este nuevo pontificado a la intercesión del Apóstol de las gentes, reflexionemos juntos sobre su mensaje.

En primer lugar, san Pablo afirma haber recibido de Dios la *gracia* de la llamada (cf. *Rm* 1,5). Es decir, reconoce que su encuentro con Cristo y su ministerio están vinculados al amor con el que Dios lo ha precedido, llamándolo a una vida nueva mientras aún estaba lejos del Evangelio y perseguía a la Iglesia. San Agustín —también él un convertido— habla de la misma experiencia diciendo: «¿Qué vamos a elegir, a no ser que antes seamos elegidos nosotros? De hecho, no amamos si antes no somos amados»[*]. En la raíz de toda vocación está Dios, su misericordia, su bondad, generosa como la de una madre (cf. *Is* 66,12-14), que naturalmente, a través de su mismo cuerpo, nutre a su niño cuando todavía es incapaz de alimentarse por sí solo[†].

Pero Pablo, en el mismo versículo, habla también de «la obediencia de la fe» (*Rm* 1,5), y además en él comparte lo que ha vivido. El Señor, en efecto, apareciéndosele en el camino de Damasco (cf. *Hch* 9,1-30), no le quitó su libertad, sino que le dio la posibilidad de decidir, de obedecer como fruto de un esfuerzo, de luchas interiores y exteriores, que él aceptó afrontar. La salvación no aparece por encanto, sino por un misterio de *gracia* y de *fe*, del amor de Dios que nos precede, y de la adhesión confiada y libre por parte del hombre (cf. *2 Tm* 1,12).

Mientras agradecemos al Señor la llamada con la que transformó la vida de Saulo, le pedimos que también nosotros sepamos responder del mismo modo a sus invitaciones, haciéndonos testigos del amor

---

[*] Agustín de Hipona, *Sermón* 34,1.2.
[†] Cf. *Ibid.*, *Comentario al salmo* 130, 9.

que «ha sido derramado en nuestros corazones por el Espíritu Santo, que nos ha sido dado» (*Rm* 5,5). Le pedimos que sepamos cultivar y difundir su caridad, haciéndonos prójimos los unos de los otros[*], en la misma carrera de afectos que, desde el encuentro con Cristo, impulsó al antiguo perseguidor a hacerse «todo para todos» (*1 Co* 9,22), hasta el martirio. De ese modo, para nosotros como para él, en la debilidad de la carne se revela la potencia de la fe en Dios que *justifica* (cf. *Rm* 5,1-5).

Esta basílica desde hace siglos está encomendada al cuidado de una comunidad benedictina. ¿Cómo no recordar, entonces, hablando del amor como fuente y motor del anuncio del Evangelio, las insistentes exhortaciones de san Benito, en su regla, a la caridad fraterna en el cenobio y a la hospitalidad para con todos?[†]

Quisiera concluir evocando las palabras que, más de mil años después, otro Benedicto, el papa Benedicto XVI, dirigía a los jóvenes: «Queridos amigos —decía—, Dios nos ama. Esta es la gran verdad de

---

[*] Cf. Francisco, *Homilía de las II Vísperas de la Solemnidad de la Conversión de san Pablo*, 25 de enero de 2024.

[†] Cf. Benito de Nursia, *Regla*, cap. LIII, LXIII.

nuestra vida y que da sentido a todo lo demás. [...] En el origen de nuestra existencia hay un proyecto de amor de Dios», y la fe nos lleva a «abrir nuestro corazón a este misterio de amor y a vivir como personas que se saben amadas por Dios»*.

Aquí está la raíz, simple y única, de toda misión, incluso de la mía, como sucesor de Pedro y heredero del celo apostólico de Pablo. Que el Señor me conceda la gracia de responder fielmente a su llamada.

---

* Benedicto XVI, *Homilía en la Vigilia de oración con los jóvenes*, Madrid, 20 de agosto de 2011.

Constructores de unidad

*Discurso a los oficiales de la curia romana
y a los empleados de la Santa Sede, de la
gobernación del Estado de la Ciudad del
Vaticano y del Vicariato de Roma*

AULA PABLO VI

SÁBADO, 24 DE MAYO DE 2025

Este primer encuentro entre nosotros no es el momento para pronunciar discursos programáticos, sino para expresarles mi agradecimiento por el servicio que llevan adelante; servicio que yo, por así decirlo, «heredo» de mis predecesores. Muchísimas gracias. Como ustedes bien saben, llegué hace solo dos años, cuando el amado papa Francisco me nombró prefecto del Dicasterio para los Obispos. Tuve que dejar la diócesis de Chiclayo, en Perú, y venir a trabajar aquí. ¡Qué cambio tan grande! Y ahora, ¿qué puedo decir? Solo aquello que Simón Pedro le dijo a Jesús en el lago de Tiberíades: «Señor, tú lo sabes todo; sabes que te quiero» (*Jn* 21,17).

Los papas, pasan; la curia, permanece. Esto vale para todas las curias episcopales en cada Iglesia particular. Y vale también para la curia del obispo de Roma.

La curia es una institución que custodia y trasmite la *memoria histórica* de una Iglesia, del ministerio de sus obispos. Y esto es muy importante. La memoria es un elemento esencial en un organismo vivo; no está enfocada solo en el pasado, sino que nutre el presente y orienta al futuro. Sin memoria se pierde el rumbo, se pierde el sentido del camino.

Queridos amigos, este es el primer pensamiento que quisiera compartir con ustedes: trabajar en la curia romana significa contribuir a mantener viva la memoria de la sede apostólica, en el sentido vital que he apenas mencionado, de modo que el ministerio del papa pueda realizarse de la mejor manera. Y por analogía, puede aplicarse igualmente a los servicios del Estado de la Ciudad del Vaticano.

Hay otro aspecto, complementario al de la memoria, que también me gustaría recordar; a saber, la dimensión *misionera* de la Iglesia, de la curia y de toda institución vinculada con el ministerio petrino. Sobre esto insistió mucho el papa Francisco que, en coherencia con el proyecto enunciado en la exhortación apostólica *Evangelii gaudium*, reformó la curia romana con la Constitución Apostólica *Praedicate Evangelium*, en la perspectiva de la evangelización.

Y lo hizo siguiendo los pasos de sus predecesores, especialmente de san Pablo VI y san Juan Pablo II.

Pienso que sabrán que la experiencia de la misión forma parte de mi vida, no solo en cuanto bautizado —como para todos nosotros, los cristianos—, sino también porque siendo religioso agustino, me enviaron como misionero a Perú, y fue en medio del pueblo peruano que maduró mi vocación pastoral. Nunca podré agradecerle lo suficiente al Señor por este don. Después, la llamada a servir a la Iglesia aquí, en la curia romana, fue una nueva misión que he compartido con ustedes durante estos últimos dos años. Y, en este nuevo servicio que me ha sido confiado, la continúo y la continuaré hasta que Dios quiera.

Por esta razón, les repito lo que dije en mi primer saludo, la tarde del ocho de mayo: «Debemos buscar juntos cómo ser una Iglesia misionera, una Iglesia que construye puentes dialogando, siempre abierta a recibir [...] con los brazos abiertos a todos, a todos aquellos que necesitan nuestra caridad, nuestra presencia, diálogo y amor»*. Estas palabras estaban

---

* León XIV, *Bendición apostólica «Urbi et Orbi» – Primer saludo*, 8 de mayo de 2025.

dirigidas a la Iglesia de Roma. Y ahora las repito pensando en la misión de esta Iglesia hacia las demás Iglesias y el mundo entero, para servir a la comunión, a la unidad, en la caridad y en la verdad. El Señor ha conferido a Pedro y a sus sucesores esta misión; y todos ustedes, de diferentes maneras, colaboran en esta gran obra. Cada uno ofrece su propia contribución desempeñando el propio trabajo cotidiano con diligencia y también con fe, porque la fe y la oración, como la sal para los alimentos, dan sabor.

Por lo tanto, si todos estamos llamados a cooperar en la gran causa de la unidad y del amor, tratemos de hacerlo, ante todo, con nuestro comportamiento en las circunstancias de cada día, comenzando con el ambiente laboral. Cada uno puede ser constructor de unidad con sus actitudes hacia los colegas, superando las inevitables incomprensiones con paciencia, con humildad, poniéndose en el lugar del otro, evitando los prejuicios y también con una buena dosis de humorismo, como nos enseñó el papa Francisco.

Escuchar, comprender y recordar

Homilía con ocasión de la celebración eucarística y toma de posesión de la Cátedra Romana del obispo de Roma

BASÍLICA DE SAN JUAN DE LETRÁN

DOMINGO, 25 DE MAYO DE 2025

La Iglesia de Roma es heredera de una gran historia, consolidada en el testimonio de Pedro, de Pablo y de innumerables mártires, y tiene una misión única, perfectamente indicada por lo que está escrito en la fachada de esta catedral: ser *Mater ómnium Ecclesiarum*, Madre de todas las Iglesias.

Frecuentemente el papa Francisco nos invitaba a reflexionar sobre la dimensión materna de la Iglesia[*] y sobre las características que le son propias: la ternura, la disponibilidad al sacrificio y esa capacidad de escucha que permite no solo socorrer, sino a menudo prever las necesidades y las expectativas, antes incluso de que se formulen. Son rasgos que deseamos que

---

[*] Cf. Francisco, Exhortación Apostólica *Evangelii gaudium*, sobre el anuncio del Evangelio en el mundo actual, 24 de noviembre de 2013, 4649.139-141; *Catequesis*, 13 de enero de 2016.

vayan creciendo en el Pueblo de Dios en todas partes, también aquí, en nuestra gran familia diocesana: en los fieles, en los pastores y, antes que nadie, en mí mismo. Las lecturas que hemos escuchado nos pueden ayudar a reflexionar sobre estos atributos.

En los Hechos de los Apóstoles (cf. 15,1-2.22-29), en particular, se narra cómo la comunidad de los orígenes afrontó el desafío de la apertura al mundo pagano para el anuncio del Evangelio. No fue un proceso fácil: requirió mucha paciencia y escucha recíproca; esto se verificó en primer lugar dentro de la comunidad de Antioquía, donde los hermanos, dialogando —incluso discutiendo— llegaron a solucionar juntos la cuestión que los ocupaba. Después, Pablo y Bernabé subieron a Jerusalén. No decidieron por su cuenta, sino que buscaron la comunión con la Iglesia madre y fueron a ella con humildad.

Allí encontraron a Pedro y a los apóstoles, que los escucharon. Se entabló un diálogo que finalmente llevó a la decisión adecuada: reconociendo y teniendo en cuenta el esfuerzo de los neófitos, convenía no imponerles pesos excesivos, sino limitarse a pedir lo esencial (cf. *Hch* 15,28-29). De ese modo, lo que podía parecer un problema, se convirtió en una ocasión en la que todos pudieron reflexionar y crecer.

El texto bíblico, sin embargo, nos dice algo más, superando la ya rica e interesante dinámica humana del evento. Nos lo revelan las palabras que los hermanos de Jerusalén dirigen, en una carta, a los de Antioquía, comunicándoles la decisión que han tomado. Ellos escriben: «El Espíritu Santo, y nosotros mismos, hemos decidido» (cf. *Hch* 15,28), precisando que, en todo el proceso, la escucha más importante que hizo posible todo lo demás fue la de la voz de Dios. De ese modo, nos recuerdan que la comunión se construye ante todo «de rodillas», en la oración y en un continuo compromiso de conversión. Solo en esa tensión, en efecto, cada uno puede sentir dentro de sí la voz del Espíritu que grita: «Abba, Padre» (cf. *Gal* 4,6) y consecuentemente escuchar y comprender a los demás como hermanos.

También el Evangelio nos reitera este mensaje (cf. *Jn* 14,23-29), diciéndonos que, en las decisiones de la vida no estamos solos. El Espíritu nos sostiene y nos indica el camino a seguir, «enseñándonos» y «recordándonos» todo lo que Jesús dijo (cf. *Jn* 14,26).

En primer lugar, el Espíritu nos enseña las palabras

del Señor grabándolas profundamente en nosotros, según la imagen bíblica de la ley que ya no está escrita en tablas de piedra, sino en nuestros corazones (cf. *Jr* 31,33); don que nos ayuda a crecer hasta transformarnos en «una carta de Cristo» (*2 Co* 3,3) los unos para los otros. Y es efectivamente así: nosotros somos tanto más capaces de anunciar el Evangelio cuanto más nos dejamos conquistar y transformar por Él, permitiendo a la potencia del Espíritu purificarnos en lo más íntimo, haciendo que nuestras palabras sean simples y sin doblez, nuestros deseos honestos y limpios, nuestras acciones generosas.

Y aquí entra en juego el otro verbo, «recordar», es decir volver a dirigir la atención del corazón a lo que hemos vivido y aprendido, para penetrar más profundamente en el significado y saborear su belleza.

Pienso, a este respecto, en el comprometido camino que la diócesis de Roma está recorriendo en estos años, estructurado sobre varios niveles de escucha: hacia el mundo que lo rodea —para acoger los desafíos—, y al interno de la comunidad —para comprender las necesidades y promover sabias y proféticas iniciativas de evangelización y de caridad—. Es un camino difícil, aún en curso, que intenta abrazar una realidad muy rica, pero también muy compleja. Es, sin embargo, un camino digno de la historia de esta Iglesia, que muchas veces ha demostrado que sabe pensar «a lo grande», entregándose sin reservas en proyectos valientes, y arriesgándose incluso frente a escenarios nuevos y complejos.

De esto es signo el gran trabajo con el que toda la diócesis, precisamente en estos días, se ha prodigado para el Jubileo, en la acogida y en el cuidado de los peregrinos y en tantas otras iniciativas. Gracias a muchos esfuerzos, la ciudad le parece a quien viene —a veces desde muy lejos— una gran casa abierta y acogedora, y sobre todo un hogar de fe.

Por mi parte, expreso el deseo y el compromiso de entrar en este vasto proyecto poniéndome, en la medida de lo posible, a la escucha de todos, para aprender, comprender y decidir juntos: «Cristiano con ustedes y obispo para ustedes», como decía san Agustín*. Les pido que me ayuden a realizarlo mediante un esfuerzo común de oración y de caridad, recordando las palabras de san León Magno: «que en todas las cosas que hacemos rectamente, Cristo es

---

* Cf. Agustín de Hipona, *Sermón* 340,1.

quien realiza la obra de nuestro ministerio. No nos gloriamos en nosotros, que nada podemos sin él, sino en aquel que es nuestro poder»[*].

A estas palabras quisiera agregar, para concluir, las del beato Juan Pablo I, que el 23 de septiembre de 1978, con el rostro radiante y sereno que ya le había valido el apelativo de «el papa de la sonrisa», saludaba así a su nueva familia diocesana: «San Pío X, al entrar como patriarca en Venecia, exclamó en San Marcos: "¿Qué sería de mí, venecianos, si no os amase?" Algo parecido digo yo a los romanos: puedo aseguraros que os amo, que solamente deseo serviros y poner a disposición de todas mis pobres fuerzas, todo lo poco que tengo y que soy»[†].

También yo quisiera expresarles todo mi afecto, con el deseo de compartir con ustedes, en el camino común, alegrías y dolores, fatigas y esperanzas. Del mismo modo, les ofrezco «todo lo poco que tengo y que soy», y eso, lo confío a la intercesión de los santos Pedro y Pablo y a la de tantos otros hermanos y hermanas cuya santidad ha iluminado la historia de esta

---

[*] León Magno, *Sermón 5, De Natali Ipsius*, 4.
[†] Juan Pablo I, *Homilía en la toma de posesión de la cátedra de Roma*, de 23 septiembre de 1978.

Iglesia y las calles de esta ciudad. La Virgen María nos acompañe e interceda por nosotros.

[Palabras del papa León XIV pronunciadas desde la logia central de la basílica Lateranense para la bendición a la ciudad de Roma al término de la Celebración Eucarística].

¡La paz esté con ustedes!

Queridos hermanos y hermanas, comunidad de Roma, me alegra mucho estar aquí con ustedes esta tarde, en este acto litúrgico, en el que hemos celebrado mi toma de posesión como nuevo obispo de Roma.¡Gracias a todos ustedes!

Vivamos nuestra fe, especialmente durante este Año Jubilar, buscando la esperanza; pero tratando de ser nosotros mismos un testimonio que ofrece esperanza al mundo. ¡Un mundo que sufre tanto, tanto dolor, por las guerras, la violencia, la pobreza! Pero a nosotros, cristianos, el Señor nos pide que seamos siempre este testimonio vivo. Vivir nuestra fe, sentir en nuestro corazón que Jesucristo está presente y saber que Él nos acompaña siempre en nuestro camino.

Liberar, no poseer

*Homilía con ocasión de la Santa Misa
con ordenaciones presbiterales, Fiesta de
la Visitación de la Virgen María*

BASÍLICA DE SAN PEDRO

SÁBADO, 31 DE MAYO DE 2025

Hoy es un día de gran alegría para la Iglesia y para cada uno de ustedes, futuros sacerdotes, junto con sus familiares, amigos y compañeros de camino durante los años de formación. Como destaca el Rito de la Ordenación en varios pasajes, es fundamental la relación entre lo que hoy celebramos y el Pueblo de Dios. La profundidad, la amplitud e incluso la duración de la alegría divina que ahora compartimos es directamente proporcional a los lazos que existen y crecerán entre ustedes, los ordenandos, y el pueblo del que proceden, del que siguen formando parte y al que son enviados. Me detendré en este aspecto, teniendo siempre presente que la identidad del sacerdote depende de la unión con Cristo, Sumo y Eterno Sacerdote.

Somos Pueblo de Dios. El Concilio Vaticano II

hizo más viva esta conciencia, casi anticipando un tiempo en el que las pertenencias se debilitarían y el sentido de Dios se volvería más difícil de percibir. Ustedes son testimonio de que Dios no se ha cansado de reunir a sus hijos, aunque sean diferentes, y de constituirlos en una unidad dinámica. No se trata de una acción impetuosa, sino de esa brisa suave que devuelve la esperanza al profeta Elías en el momento del desánimo (cf. *1 Re* 19,1;11). La alegría de Dios no es ruidosa, pero cambia realmente la historia y nos acerca unos a otros. Es icono de ello el misterio de la Visitación, que la Iglesia contempla en el último día de mayo. Del encuentro entre la Virgen María y su prima Isabel surge el *Magníficat*, el canto de un pueblo visitado por la gracia.

Las lecturas que acabamos de escuchar nos ayudan a interpretar lo que también está sucediendo entre ustedes. Jesús, en primer lugar, en el Evangelio no nos aparece abatido por la muerte inminente, ni por la decepción por los lazos rotos o incompletos. El Espíritu Santo, por el contrario, intensifica esos vínculos amenazados. En la oración se vuelven más fuertes que la muerte. En lugar de pensar en su destino personal, Jesús pone en manos del Padre los vínculos que ha construido aquí abajo. ¡Nosotros formamos parte de ellos! El Evangelio, de hecho, ha llegado hasta nosotros a través de vínculos que el mundo puede desgastar, pero no destruir.

Queridos ordenandos, ¡concíbanse entonces a sí mismos a la manera de Jesús! Ser de Dios —siervos de Dios, Pueblo de Dios— nos une a la tierra: no a un mundo ideal, sino al mundo real. Como Jesús, son personas de carne y hueso las que el Padre pone en su camino. Conságrense a ellas, sin separarse de ellas, sin aislarse, sin hacer del don recibido una especie de privilegio. El papa Francisco nos ha advertido muchas veces de esto, porque la autorreferencialidad apaga el fuego del espíritu misionero.

La Iglesia es constitutivamente extrovertida, como extrovertidos son la vida, la pasión, la muerte y la resurrección de Jesús. Harán suyas sus palabras en cada Eucaristía: es «por ustedes y por todos». Nadie ha visto nunca a Dios. Él se ha dirigido a nosotros, ha salido de sí mismo. El Hijo se ha convertido en su exégesis, en su relato vivo. Y nos ha dado el poder de convertirnos en hijos de Dios. ¡No busquen, no busquemos otro poder!

El gesto de la imposición de las manos, con el

que Jesús acogía a los niños y curaba a los enfermos, renueve en ustedes el poder liberador de su ministerio mesiánico. En los Hechos de los Apóstoles, ese gesto que repetiremos dentro de poco es transmisión del Espíritu creador. Así, el Reino de Dios pone ahora en comunión sus libertades personales, dispuestas a salir de sí mismas, injertando su inteligencia y sus fuerzas jóvenes en la misión jubilar que Jesús ha transmitido a su Iglesia.

En su saludo a los ancianos de la comunidad de Éfeso, del que hemos escuchado algunos fragmentos en la primera lectura, Pablo les transmite el secreto de toda misión: «El Espíritu Santo os ha constituido guardianes» (*Hch* 20,2). No amos, sino guardianes. La misión es de Jesús. Él ha resucitado, por lo tanto, está vivo y nos precede. Ninguno de nosotros está llamado a sustituirlo. El día de la Ascensión nos educa en su presencia invisible. Él confía en nosotros, nos hace espacio; ha llegado incluso a decir: «Es bueno para ustedes que yo me vaya» (*Jn* 16,7). También nosotros, queridos ordenandos, al involucrarles en la misión hoy, les hacemos espacio. Y ustedes hagan espacio a los fieles y a toda criatura, a quienes el Resucitado está cerca y en quienes ama visitarnos y sorprendernos. El Pueblo de Dios es más numeroso de lo que vemos. No definamos sus límites.

De san Pablo, de su conmovedor discurso de despedida, quisiera subrayar una segunda palabra. En realidad, precede a todas las demás. Él puede decir: «Ustedes saben cómo me he comportado con ustedes durante todo este tiempo» (*Hch* 20,18). ¡Guardemos en nuestro corazón y en nuestra mente, bien grabada, esta expresión! «Ustedes saben cómo me he comportado»: la transparencia de la vida. ¡Vidas conocidas, vidas legibles, vidas creíbles! Permanecemos dentro del Pueblo de Dios, para poder estar ante Él con un testimonio creíble.

Juntos, entonces, reconstruiremos la credibilidad de una Iglesia herida, enviada a una humanidad herida, dentro de una creación herida. Todavía no somos perfectos, pero es necesario ser creíbles.

Jesús Resucitado nos muestra sus heridas y, a pesar de que son signo del rechazo por parte de la humanidad, nos perdona y nos envía. ¡No lo olvidemos! Él sopla también hoy sobre nosotros (cf. *Jn* 20,22) y nos hace ministros de la esperanza. «De modo que ya no consideramos a nadie según criterios humanos» (2 *Cor* 5,16): todo lo que a nuestros ojos se presenta roto y perdido, se nos aparece ahora bajo el signo de la reconciliación.

«Porque el amor de Cristo nos ha conquistado», queridos hermanos y hermanas. Es una posesión que libera y nos capacita para no poseer a nadie. Liberar, no poseer. Somos de Dios: no hay mayor riqueza que apreciar y compartir. Es la única riqueza que, compartida, se multiplica. Queremos llevarla juntos al mundo que Dios ha amado tanto que ha dado a su Hijo único (cf. *Jn* 3,16).

Así, la vida entregada por estos hermanos, que dentro de poco serán ordenados presbíteros, está llena de sentido. Les damos las gracias y damos gracias a Dios que los ha llamado al servicio de un pueblo totalmente sacerdotal. Juntos, en efecto, unimos el cielo y la tierra. En María, Madre de la Iglesia, brilla este sacerdocio común que eleva a los humildes, une a las generaciones y nos hace llamar bienaventurados (cf. *Lc* 1,48.52). Ella, Virgen de la Confianza y Madre de la Esperanza, interceda por nosotros.

Una cosa sola en el único Salvador

*Homilía con ocasión de la Santa Misa
por el Jubileo de las Familias, los
Niños, los Abuelos y los Ancianos*

PLAZA DE SAN PEDRO

DOMINGO, 1 DE JUNIO DE 2025

El Evangelio que acabamos de proclamar nos muestra a Jesús que, en la Última Cena, ora por nosotros (cf. *Jn* 17,20). El Verbo de Dios hecho hombre, ya cercano al final de su vida terrena, piensa en nosotros, sus hermanos, y se convierte en bendición, súplica y alabanza al Padre, con la fuerza del Espíritu Santo. También nosotros, al entrar con asombro y confianza dentro de la oración de Jesús, nos vemos envueltos, por su amor, en un gran proyecto que abarca a toda la humanidad.

Cristo pide, en efecto, que todos seamos «una sola cosa» (cf. v. 21). Este es el mayor bien que se puede desear, porque esta unión universal realiza entre las criaturas la comunión eterna de amor que es Dios mismo: el Padre que da la vida, el Hijo que la recibe y el Espíritu que la comparte.

El Señor quiere que, para unirnos, no nos agreguemos a una masa indistinta como un bloque anónimo, sino que seamos uno: «Como tú, Padre, estás en mí y yo en ti, que también ellos sean uno en nosotros» (v. 21). La unidad por la que Jesús ora es, por tanto, una comunión fundada en el mismo amor con que Dios ama, de donde provienen la vida y la salvación. Y como tal, es ante todo un don que Jesús trae consigo. Es, desde su corazón humano, que el Hijo de Dios se dirige al Padre diciendo: «Yo en ellos y tú en mí, para que sean perfectamente uno y el mundo conozca que tú me has enviado, y que yo los amé cómo tú me amaste» (v. 23).

Escuchamos con conmoción estas palabras: Jesús nos está revelando que Dios nos ama como se ama a sí mismo. El Padre no nos ama menos que a su Hijo unigénito, o sea de manera infinita. Dios no ama menos, porque ama antes que nada, ¡ama antes que nadie! Así lo atestigua Cristo cuando dice al Padre: «Ya me amabas antes de la creación del mundo» (v. 24). Y es así: en su misericordia, Dios desde siempre quiere acoger a todos los hombres en su abrazo; y es su vida, la que se nos entrega por medio de Cristo, la que nos hace uno, la que nos une entre nosotros.

Oír hoy este Evangelio, durante el Jubileo de las Familias, los Niños, los Abuelos y los Ancianos, nos llena de alegría.

Queridos amigos, hemos recibido la vida antes incluso de haberla deseado. Como enseñaba el papa Francisco: «Todos los hombres somos hijos, pero ninguno de nosotros eligió nacer»*. Y no solo eso. Apenas nacemos, necesitamos de los demás para vivir; solos no lo hubiéramos logrado. Se lo debemos a alguien más, que nos salvó, se hizo cargo de nosotros, de nuestro cuerpo y también de nuestro espíritu. Todos nosotros vivimos gracias a una relación, es decir, a un vínculo libre y liberador de humanidad y cuidado mutuo.

Es cierto que, a veces, esta humanidad se ve traicionada. Por ejemplo, cuando se invoca la libertad no para dar vida, sino para quitarla; no para proteger, sino para herir. Sin embargo, incluso frente al mal que divide y mata, Jesús sigue orando al Padre por nosotros, y su oración actúa como un bálsamo sobre nuestras heridas, convirtiéndose en anuncio de perdón y reconciliación para todos. Esa oración del Señor da sentido pleno a los momentos luminosos

____

* Francisco, *Ángelus*, 1 de enero de 2025.

de nuestro amor mutuo como padres, abuelos, hijos e hijas. Y esto es lo que queremos anunciar al mundo: estamos aquí para ser «uno» tal y como el Señor quiere que seamos «uno», en nuestras familias y en los lugares donde vivimos, trabajamos y estudiamos: distintos, pero uno; muchos, pero uno, siempre uno, en cualquier circunstancia y edad de la vida.

Hermanos, si nos amamos así, sobre el fundamento de Cristo, que es «el Alfa y la Omega», «el principio y el fin» (cf. *Ap* 22,13), seremos un signo de paz para todos, en la sociedad y en el mundo. No hay que olvidarlo: del seno de las familias nace el futuro de los pueblos.

En las últimas décadas hemos recibido un signo que llena de gozo y, al mismo tiempo, invita a reflexionar: me refiero al hecho de que fueron proclamados beatos y santos algunos esposos, no por separado, sino juntos, como pareja de esposos. Pienso en Luis y Celia Martin, los padres de santa Teresa del Niño Jesús; y recuerdo también a los beatos Luis y María Beltrame Quattrocchi, cuya vida familiar transcurrió en Roma, el siglo pasado. Y no olvidemos a la familia polaca Ulma, padres e hijos unidos en el amor y en el martirio. Decía que es un signo que da que pensar. Sí, al proponernos como testigos ejemplares a matrimonios santos, la Iglesia nos dice que el mundo de hoy necesita la alianza conyugal para conocer y acoger el amor de Dios, y para superar, con su fuerza que une y reconcilia, las fuerzas que destruyen las relaciones y las sociedades.

Por eso, con el corazón lleno de gratitud y esperanza, a ustedes esposos les digo: el matrimonio no es un ideal, sino el modelo del verdadero amor entre el hombre y la mujer: amor total, fiel y fecundo*. Este amor, al hacerlos «una sola carne», los capacita para dar vida, a imagen de Dios.

Por tanto, los animo a que sean para sus hijos ejemplos de coherencia, comportándose como desean que ellos se comporten, educándolos en la libertad mediante la obediencia, buscando siempre su propio bien y los medios para acrecentarlo. Y ustedes, hijos, sean agradecidos con sus padres: decir «gracias» por el don de la vida y por todo lo que con ella se nos da cada día es la primera forma de honrar al padre y a la madre (cf. *Ex* 20,12). Por último, a ustedes, queridos abuelos y ancianos, les recomiendo que velen, con sabiduría y

---

* Cf. Pablo VI, Carta Encíclica *Humanae vitae*, 25 de julio de 1968, 9.

ternura, por quienes aman, con la humildad y paciencia que se aprenden con los años.

En la familia, la fe se transmite junto con la vida, de generación en generación: se comparte como el pan de la mesa y los afectos del corazón. Esto la convierte en un lugar privilegiado para encontrar a Jesús, que nos ama y siempre quiere nuestro bien.

Y quisiera añadir una última cosa. La oración del Hijo de Dios, que nos infunde esperanza en el camino, también nos recuerda que un día seremos todos *uno unum*[*]: una sola cosa en el único Salvador, abrazados por el amor eterno de Dios. No solo nosotros, sino también los padres y las madres; los abuelos y abuelas; los hermanos, hermanas e hijos que ya nos han precedido en la luz de su Pascua eterna, y que hoy sentimos presentes, aquí, con nosotros, en este momento de fiesta.

---

[*] Cf. Agustín de Hipona, *Sermo super Ps.* 127.

Encarnación y catolicidad

Discurso a los superiores y a los oficiales de la Secretaría de Estado

SALA CLEMENTINA

JUEVES, 5 DE JUNIO DE 2025

Estoy muy contento de encontrarme con ustedes, que ofrecen un precioso servicio a la vida de la Iglesia ayudándome a sacar adelante la misión que me ha sido confiada. En efecto, como afirma la *Praedicate Evangelium*, la Secretaría de Estado, en cuanto secretaría papal regida por el secretario de Estado, ayuda de cerca al Romano Pontífice en el ejercicio de su suprema misión[*].

Me consuela saber que no estoy solo y que comparto la responsabilidad de mi ministerio universal junto con ustedes.

No está en el texto, pero digo muy sinceramente que en estas pocas semanas —aún no se ha

---

[*] Cf. Francisco, Constitución Apostólica *Praedicate Evangelium* sobre la Curia Romana y su servicio a la Iglesia en el mundo, 19 de marzo de 2022, 44-45.

cumplido un mes de mi servicio en este ministerio petrino—, está claro que el papa solo no puede ir adelante y que es necesario, es muy necesario, poder contar con la colaboración de muchos en la Santa Sede, pero de manera especial con todos ustedes, de la Secretaría de Estado. Se lo agradezco de corazón.

La historia de esta institución se remonta, como sabemos, a finales del siglo xv. Con el tiempo, ha ido asumiendo un rostro cada vez más universal y se ha ampliado considerablemente, con una progresión que la ha llevado a asumir nuevas tareas, a causa de las nuevas exigencias tanto en el ámbito eclesial como en las relaciones con los Estados y las organizaciones internacionales. Actualmente, casi la mitad de ustedes son laicos. Y las mujeres, laicas y religiosas, son más de cincuenta.

Este desarrollo ha hecho que hoy la Secretaría de Estado refleje en sí misma el rostro de la Iglesia. Se trata de una gran comunidad que trabaja junto con el papa: juntos compartimos las interrogantes, las dificultades, los desafíos y las esperanzas del Pueblo de Dios, presentes en el mundo entero. Lo hacemos expresando siempre dos dimensiones esenciales: la *encarnación* y la *catolicidad*.

Estamos encarnados en el tiempo y en la historia, porque si Dios ha elegido el camino humano y el lenguaje de los hombres, también la Iglesia está llamada a seguir esta senda, de manera que la alegría del Evangelio pueda alcanzar a todos y sea transmitida a las culturas y a los lenguajes actuales. Y, al mismo tiempo, tratamos de mantener siempre una mirada católica, universal, que nos permita valorar las diversas culturas y sensibilidades. De este modo podremos ser un centro promotor, comprometido en la construcción de la comunión entre la Iglesia de Roma y las iglesias locales, así como con las relaciones de amistad dentro de la comunidad internacional.

En las últimas décadas, estas dos dimensiones —estar encarnados en el tiempo y tener una mirada universal— se han vuelto más constitutivas del trabajo de la curia. Hacia este camino nos ha llevado la reforma de la curia romana llevada a cabo por san Pablo VI, el cual, inspirándose en la visión del Concilio Vaticano II, percibió con fuerza la urgencia de que la Iglesia estuviera atenta a los desafíos de la historia, considerando «el ritmo sumamente acelerado de la vida actual» y cómo han «cambiado las circunstancias de nuestros tiempos»[*].

Al mismo tiempo, él subrayó la necesidad de un servicio que exprese la catolicidad de la Iglesia y, con ese propósito, dispuso que «todos los que ayuden a la Sede Apostólica en su gobierno, sean llamados de todas partes»[†].

Mientras que la encarnación nos lleva a lo concreto de la realidad y a temas específicos y particulares, tratados por los distintos organismos de la curia, la universalidad, recordando el misterio de la unidad multiforme de la Iglesia, nos pide un trabajo de síntesis que pueda ayudar a la acción del papa. Y el vínculo de conjunción y de síntesis, es precisamente la Secretaría de Estado. Por eso, san Pablo VI —experto en la curia romana— quiso dar a esta oficina una nueva estructura, constituyéndola de hecho como un punto de conexión y, consecuentemente, estableciéndola en su rol fundamental de coordi-

---

[*] Pablo VI, Constitución Apostólica *Regimini Ecclesiae Universae* – De Romana Curia, 15 de agosto de 1967.
[†] *Ibid.*

nación de los Dicasterios y de las Instituciones de la Sede Apostólica.

Este rol de coordinación de la Secretaría de Estado se retoma en la reciente Constitución Apostólica *Praedicate Evangelium*, entre las múltiples tareas confiadas a la Sección para los Asuntos Generales, bajo la dirección del Sustituto con la ayuda del Asesor[*]. Junto a la Sección para los Asuntos Generales, la misma Constitución identifica a la Sección para las Relaciones con los Estados y Organismos Internacionales, guiada por el secretario con la ayuda de dos subsecretarios, a la que corresponde el cuidado de las relaciones diplomáticas y políticas de la Sede Apostólica con los Estados y demás sujetos de derecho internacional en este delicado momento de la historia. La Sección para el Personal Diplomático de la Santa Sede, con su secretario y subsecretario, trabaja en cambio en el cuidado de las Representaciones Pontificias y de los Miembros del Cuerpo Diplomático aquí en Roma y en el mundo.

Sé que estas tareas son muy exigentes y, algunas veces, pueden ser incomprendidas. Por ello, quisiera

---

[*] Cf. Francisco, cit., 45-46.

expresarles mi cercanía y, sobre todo, mi profunda gratitud. Gracias por las competencias que ponen a disposición de la Iglesia, por su trabajo casi siempre escondido y por el espíritu evangélico que lo inspira. Y permítanme, precisamente por este reconocimiento que hago, dirigirles una exhortación refiriéndome una vez más a san Pablo VI: que este lugar no sea contaminado por las ambiciones y antagonismos; al contrario, sean una verdadera comunidad de fe y de caridad, «de hermanos y de hijos del papa», que se desviven generosamente por el bien de la Iglesia[*].

Los encomiendo a todos a la intercesión de la Santísima Virgen María, Madre de la Iglesia. Y, mientras les agradezco —porque sé que rezan por mí todos los días, y lo espero tanto—, los bendigo de todo corazón; a ustedes, a sus seres queridos y a su trabajo. Muchas gracias.

---

[*] Cf. Pablo VI, *Discurso a la Curia Romana*, 21 de septiembre de 1963.

Armonizar nuestros pasos

*Homilía con ocasión de la vigilia
de Pentecostés con movimientos,
asociaciones y nuevas comunidades*

PLAZA DE SAN PEDRO

El Espíritu creador, que hemos invocado con el canto —*Veni creator Spiritus*—, es el Espíritu que descendió sobre Jesús, el protagonista silencioso de su misión: «El Espíritu del Señor está sobre mí» (*Lc* 4,18). Pidiéndole que visite nuestras mentes, multiplique los lenguajes, encienda los sentidos, infunda el amor, reconforte los cuerpos y done la paz, nos hemos abierto a acoger el Reino de Dios. Es esta la conversión según el Evangelio: encaminarnos hacia el Reino que ya está cerca.

En Jesús vemos y de Jesús escuchamos que todo se transforma, porque Dios reina, porque Dios está cerca. En esta vigilia de Pentecostés nos encontramos íntimamente vinculados por la proximidad de Dios, por su Espíritu que une nuestras historias a la de Jesús. Estamos involucrados en las cosas nuevas que

Dios hace, para que su voluntad de vida se cumpla y prevalezca sobre la voluntad de muerte.

«Me ha consagrado por la unción. Él me envió a llevar la Buena Noticia a los pobres, a anunciar la liberación a los cautivos y la vista a los ciegos, a dar la libertad a los oprimidos y proclamar un año de gracia del Señor» (*Lc* 4,18-19). Percibimos aquí el perfume del crisma con el que fue marcada nuestra frente. El Bautismo y la Confirmación, queridos hermanos y hermanas, nos han unido a la misión transformadora de Jesús, al Reino de Dios. Como el amor nos hace familiar el olor de una persona querida, así reconocemos esta noche los unos en los otros el perfume de Cristo. Es un misterio que sorprende y nos hace pensar.

En Pentecostés María, los Apóstoles y las discípulas y los discípulos con ellos fueron colmados con un Espíritu de unidad, que radicaba para siempre sus diversidades en el único Señor Jesucristo. No muchas misiones, sino una única misión. No introvertidos y belicosos, sino extrovertidos y luminosos. Esta plaza de San Pedro, que es como un abrazo abierto y acogedor, expresa magníficamente la comunión de la Iglesia, experimentada por cada uno de ustedes en las distintas experiencias asociativas y comunitarias, muchas de las cuales representan frutos del Concilio Vaticano II.

La tarde de mi elección, mirando con conmoción al Pueblo de Dios aquí reunido, recordé la palabra «sinodalidad», que expresa felizmente el modo en el cual el Espíritu modela la Iglesia. En esta palabra resuena el *syn* —que quiere decir *con*— que constituye el secreto de la vida de Dios. Dios no es soledad. Dios es «con» en sí mismo —Padre, Hijo y Espíritu Santo— y es Dios con nosotros. Al mismo tiempo, sinodalidad nos recuerda el camino —*odós*— porque donde está el Espíritu hay movimiento, hay camino. Somos un pueblo en camino. Esta conciencia no nos aleja, sino que nos sumerge en la humanidad, como levadura en la masa, que la fermenta toda. El año de gracia del Señor, del que es expresión el Jubileo, tiene en sí este fermento. En un mundo quebrantado y sin paz el Espíritu Santo nos educa a caminar juntos. La tierra descansará, la justicia se afirmará, los pobres se alegrarán y la paz volverá si dejamos de movernos como predadores y comenzamos a hacerlo como peregrinos. Ya no cada uno por su cuenta, sino armonizando nuestros pasos con los pasos de los demás. No consumiendo el mundo con voracidad, sino cultivándolo y custodiándolo, como nos enseña la Encíclica *Laudato si'*[*].

Queridos hermanos y hermanas, Dios ha creado el mundo para que nosotros estuviésemos juntos. «Sinodalidad» es el nombre eclesial de esta conciencia. Es el camino que pide a cada uno reconocer la propia deuda y el propio tesoro, sintiéndose parte de una totalidad, fuera de la cual todo se marchita, incluso el más original de los carismas. Miren: toda la creación existe solo en la modalidad del existir juntos, a veces peligroso, pero aun así juntos siempre[†]. Y esto que nosotros llamamos «historia» toma forma solo en la modalidad de reunirse, de una convivencia, frecuentemente en medio de disensos, pero aun así una convivencia. Lo contrario es mortal y desgraciadamente está ante nuestros ojos cada día. Que sus agregaciones y comunidades sean entonces lugares donde se practique la fraternidad y la participación, no solo en cuanto lugares de encuentro, sino en cuanto lugares de espiritualidad. El Espíritu de

---

[*] Francisco, Carta Encíclica *Laudato si'* sobre el cuidado de la casa común, 24 de mayo de 2015.
[†] Cf. *Ibid.*, 16; 117.

Jesús cambia al mundo, porque cambia los corazones. Inspira, en efecto, esa dimensión contemplativa de la vida que aleja la autoafirmación, la murmuración, el espíritu de controversia, el dominio de las conciencias y de los recursos. El Señor es el Espíritu y donde está el Espíritu del Señor hay libertad (cf. *2 Co* 3,17). La auténtica espiritualidad nos compromete, por tanto, al desarrollo humano integral, actualizando entre nosotros la palabra de Jesús. Donde esto sucede hay alegría. Alegría y esperanza.

La evangelización, queridos hermanos y hermanas, no es una conquista humana del mundo, sino la infinita gracia que se difunde a través de vidas transformadas por el Reino de Dios. Es el camino de las bienaventuranzas, un itinerario que recorremos juntos, en continua tensión entre el «ya» y el «todavía no», hambrientos y sedientos de justicia, pobres de espíritu, misericordiosos, mansos, puros de corazón, que trabajan por la paz. Para seguir a Jesús en este camino que Él ha elegido no sirven poderosos protectores, compromisos mundanos o estrategias emocionales. La evangelización es obra de Dios y, si a veces pasa a través de nuestras personas, es por los vínculos que hace posible. Estén por tanto profundamente ligados a cada una de las iglesias particulares y a las comunidades parroquiales donde alimentan y gastan sus carismas. Cerca de sus obispos y en sinergia con todos los otros miembros del Cuerpo de Cristo actuaremos, entonces, en armoniosa sintonía. Los desafíos que la humanidad enfrenta serán menos espantosos, el futuro será menos oscuro, el discernimiento menos difícil, si juntos obedeciéramos al Espíritu.

Que María, Reina de los Apóstoles y Madre de la Iglesia, interceda por nosotros.

El Espíritu abre fronteras

*Homilía con ocasión de la Santa Misa
en la Solemnidad de Pentecostés, Jubileo
de los Movimientos, de las Asociaciones
y de las Nuevas Comunidades*

PLAZA DE SAN PEDRO

«**B**rilla para nosotros, hermanos, el día grato en que [...] Jesucristo, el Señor, después de resucitado y glorificado por su ascensión, envió al Espíritu Santo»*. Y también hoy se reaviva lo que sucedió en el cenáculo; desciende sobre nosotros el don del Espíritu Santo como un viento impetuoso que sacude, como un fragor que nos despierta, como un fuego que nos ilumina (cf. *Hch* 2,1-11).

Como hemos escuchado en la primera lectura, el Espíritu lleva a cabo algo extraordinario en la vida de los Apóstoles. Ellos, después de la muerte de Jesús, se habían encerrado en el miedo y en la tristeza, pero ahora reciben finalmente una mirada nueva y una in-

---

* Agustín de Hipona, *Sermón* 271, 1.

teligencia del corazón que los ayuda a interpretar los eventos que han sucedido y a tener una íntima experiencia de la presencia del Resucitado: el Espíritu Santo vence su miedo, rompe las cadenas interiores, alivia las heridas, los unge con fortaleza y les da el valor de salir al encuentro de todos para anunciar las obras de Dios.

El texto de los Hechos de los Apóstoles nos dice que en ese momento en Jerusalén había una multitud de las más variadas procedencias, y, aun así, «cada uno los oía hablar en su propia lengua» (v. 6). Y entonces, es así que en Pentecostés *las puertas del cenáculo se abren* porque *el Espíritu abre las fronteras*. Como afirma Benedicto XVI:

El Espíritu Santo da el don de comprender. Supera la ruptura iniciada en Babel —la confusión de los corazones, que nos enfrenta unos a otros—, y abre las fronteras. [...] La Iglesia debe llegar a ser siempre nuevamente lo que ya es: debe abrir las fronteras entre los pueblos y derribar las barreras entre las clases y las razas. En ella no puede haber ni olvidados ni despreciados. En la Iglesia hay solo hermanos y hermanas de Jesucristo libres*.

Esta es una imagen elocuente de Pentecostés sobre la que quisiera detenerme con ustedes para meditarla.

El Espíritu abre las fronteras, ante todo, dentro de nosotros. Es el don que abre nuestra vida al amor. Y esta presencia del Señor disuelve nuestras durezas, nuestras cerrazones, los egoísmos, los miedos que nos paralizan, los narcisismos que nos hacen girar solo en torno a nosotros mismos. El Espíritu Santo viene a desafiar, en nuestro interior, el riesgo de una vida que se atrofia, absorbida por el individualismo. Es triste observar cómo en un mundo donde se multiplican las ocasiones para socializar, corremos el riesgo de estar paradójicamente más solos, siempre conectados y sin embargo incapaces de «establecer vínculos», siempre inmersos en la multitud, pero restando viajeros desorientados y solitarios.

El Espíritu de Dios, en cambio, nos hace descubrir un nuevo modo de ver y de vivir la vida. Nos abre

---

* Benedicto XVI, *Homilía de Pentecostés*, 15 de mayo de 2005.

al encuentro con nosotros mismos, más allá de las máscaras que llevamos puestas; nos conduce al encuentro con el Señor enseñándonos a experimentar su alegría; nos convence —según las mismas palabras de Jesús apenas proclamadas— de que solo si permanecemos en el amor recibimos también la fuerza de observar su Palabra y, por tanto, de ser transformados por ella. Abre las fronteras en nuestro interior, para que nuestra vida se convierta en un espacio hospitalario.

El Espíritu abre también las fronteras en nuestras relaciones. En efecto, Jesús dice que este don es el amor entre Él y el Padre que viene a habitar en nosotros. Y cuando el amor de Dios mora en nosotros, somos capaces de abrirnos a los hermanos, de vencer nuestras rigideces, de superar el miedo hacia el que es distinto, de educar las pasiones que se sublevan dentro de nosotros. Pero el Espíritu transforma también aquellos peligros más ocultos que contaminan nuestras relaciones, como los malentendidos, los prejuicios, las instrumentalizaciones. Pienso también —con mucho dolor— en los casos en que una relación se intoxica por la voluntad de dominar al otro, una actitud que frecuentemente desemboca en violencia, como desgraciadamente demuestran los numerosos y recientes casos de feminicidio.

El Espíritu Santo, en cambio, hace madurar en nosotros los frutos que ayudan a vivir relaciones auténticas y sanas: «Amor, alegría y paz, magnanimidad, afabilidad, bondad y confianza» (*Gal* 5,22). De este modo, el Espíritu expande las fronteras de nuestras relaciones con los demás y nos abre a la alegría de la fraternidad. Y este es un criterio decisivo también para la Iglesia; somos verdaderamente la Iglesia del Resucitado y los discípulos de Pentecostés sólo si entre nosotros no hay ni fronteras ni divisiones, si en la Iglesia sabemos dialogar y acogernos mutuamente integrando nuestras diferencias, si como Iglesia nos convertimos en un espacio acogedor y hospitalario para todos.

Para concluir, *el Espíritu abre las fronteras también entre los pueblos*. En Pentecostés los Apóstoles hablan las leguas de aquellos que encuentran y el caos de Babel es finalmente apaciguado por la armonía generada por el Espíritu. Las diferencias, cuando el Soplo divino une nuestros corazones y nos hace ver en el otro el rostro de un hermano, no son ocasión de división y de conflicto, sino un patrimonio común del que todos podemos beneficiarnos, y que nos pone a todos en camino, juntos, en la fraternidad.

El Espíritu rompe las fronteras y abate los muros de la indiferencia y del odio, porque «nos enseña todo» y nos «recuerda las palabras de Jesús» (cf. *Jn* 14,26); y, por eso, lo primero que enseña, recuerda e imprime en nuestros corazones es el mandamiento del amor, que el Señor ha puesto en el centro y en la cima de todo. Y donde hay amor no hay espacio para los prejuicios, para las distancias de seguridad que nos alejan del prójimo, para la lógica de la exclusión que vemos surgir desgraciadamente también en los nacionalismos políticos.

Precisamente celebrando Pentecostés, el papa Francisco observaba que «Hoy en el mundo hay mucha discordia, mucha división. Estamos todos conectados y, sin embargo, nos encontramos desconectados entre nosotros, anestesiados por la indiferencia y oprimidos por la soledad»*. Y de todo esto son una trágica señal las guerras que agitan nuestro planeta. Invoquemos el Espíritu de amor y de paz, para que abra las fronteras, abata los muros, disuelva el odio y

* Francisco, *Homilía de Pentecostés*, 28 de mayo de 2023.

nos ayude a vivir como hijos del único Padre que está en el cielo.

Hermanos y hermanas: ¡Por Pentecostés se renuevan la Iglesia y el mundo! Que el viento vigoroso del Espíritu venga sobre nosotros y dentro de nosotros, abra las fronteras del corazón, nos dé la gracia del encuentro con Dios, amplíe los horizontes del amor y sostenga nuestros esfuerzos para la construcción de un mundo donde reine la paz.

Que María Santísima, Mujer de Pentecostés, Virgen visitada por el Espíritu, Madre llena de gracia, nos acompañe e interceda por nosotros.

Una Iglesia cada vez más fecunda en el Espíritu

Homilía con ocasión de la Santa Misa por el Jubileo de la Santa Sede, Bienaventurada Virgen María, Madre de la Iglesia

BASÍLICA DE SAN PEDRO

LUNES, 9 DE JUNIO DE 2025

Hoy tenemos la alegría y la gracia de celebrar el Jubileo de la Santa Sede en la memoria litúrgica de María, Madre de la Iglesia. Esta feliz coincidencia es fuente de luz y de inspiración interior en el Espíritu Santo, que ayer, Pentecostés, se ha derramado en abundancia sobre el Pueblo de Dios. Y en este clima espiritual nosotros hoy gozamos de una jornada especial, en primer lugar, con la meditación que hemos escuchado y ahora, aquí, en la Mesa de la Palabra y de la Eucaristía.

La Palabra de Dios en esta celebración nos hace comprender el misterio de la Iglesia, y en ella el de la Santa Sede, a la luz de dos iconos bíblicos escritos por el Espíritu en la página de los Hechos de los Apóstoles (1,12-14) y en la del Evangelio de san Juan (19,25-34).

Partimos de la más fundamental, que es el relato de la muerte de Jesús. Juan, de los Doce el único presente en el Calvario, vio y dio testimonio de que, al pie de la cruz, junto a otras mujeres, estaba la madre de Jesús (v. 25). Y escuchó con sus propios oídos las últimas palabras del Maestro, entre la cuales estuvieron estas: «Mujer, aquí tienes a tu hijo», y después, dirigiéndose a él: «Aquí tienes a tu madre» (vv. 26-27).

La maternidad de María, a través del misterio de la cruz, dio un salto impensable. La madre de Jesús se convirtió en la nueva Eva, porque el Hijo la asoció a su muerte redentora, fuente de vida nueva y eterna para todo ser humano que viene a este mundo. El tema de la *fecundidad* está muy presente en esta liturgia. La oración «colecta» lo pone de manifiesto al hacernos pedir al Padre que la Iglesia, sostenida por el amor de Cristo, sea «cada día más fecunda en el Espíritu»*.

La fecundidad de la Iglesia es la misma fecundidad de María; y se realiza en la existencia de sus miembros en la medida en que estos reviven, «en pequeño», lo

---

* Misal Italiano, *Colecta de la memoria de la B. V. María Madre de la Iglesia.*

que vivió la Madre, es decir, que aman con el amor de Jesús. Toda la fecundidad de la Iglesia y de la Santa Sede depende de la cruz de Cristo. De lo contrario, es apariencia, si no es que algo peor. Un gran teólogo contemporáneo escribió: «Si ella [la Iglesia] es el árbol que sale del granito de mostaza, este árbol está a su vez destinado a llevar granos de mostaza; frutos, por tanto, que repiten la forma de la cruz, porque se deben a ella»[*].

En la colecta también pedimos que la Iglesia «se regocije por la santidad de sus hijos». De hecho, esta fecundidad de María y de la Iglesia está inseparablemente vinculada a su *santidad*, es decir, a su conformación con Cristo. La Santa Sede es santa como lo es la Iglesia, en su núcleo originario, en la fibra de la que está tejida. Así, la Sede Apostólica custodia la santidad de sus raíces mientras es custodiada por ella. Pero no es menos cierto que también vive de la santidad de cada uno de sus miembros. Por ello, la mejor manera de servir a la Santa Sede es procurar ser santos, cada uno según su estado de vida y la tarea que se le ha confiado.

---

[*] H.U. Von Balthasar, *La seriedad de las cosas*, Ed. Sígueme, Salamanca 1968, 44.

Por ejemplo, un sacerdote que personalmente lleva una cruz pesada a causa de su ministerio, y sin embargo cada día va a la oficina y trata de hacer su trabajo lo mejor posible, con amor y con fe, ese sacerdote participa y contribuye a la fecundidad de la Iglesia. Y lo mismo un padre o una madre de familia, que en casa vive una situación difícil —un hijo que da preocupaciones, un padre enfermo— y lleva adelante su trabajo con empeño: ese hombre y esa mujer son fecundos con la fecundidad de María y de la Iglesia.

Pasemos ahora al segundo icono, el que escribe san Lucas al inicio de los Hechos de los Apóstoles, donde representa a la madre de Jesús junto a los Apóstoles y discípulos en el Cenáculo (1,12-14). Nos muestra la maternidad de María para con la Iglesia naciente, una maternidad «arquetípica», que permanece actual en todo tiempo y lugar. Y, sobre todo, es siempre fruto del Misterio pascual, del don del Señor crucificado y resucitado.

El Espíritu Santo, que desciende con poder sobre la primera comunidad, es el mismo que Jesús entregó con su último aliento (cf. *Jn* 19,30). Este icono bíblico es inseparable del primero: la fecundidad de la Iglesia está siempre ligada a la gracia que brota del corazón traspasado de Jesús, junto con la sangre y el agua, símbolo de los Sacramentos (cf. *Jn* 19,34).

María, en el Cenáculo, gracias a la misión materna que recibió al pie de la cruz, está al servicio de la comunidad naciente: es la memoria viviente de Jesús y, en cuanto tal, es el polo de atracción, por así decirlo, que armoniza las diferencias y hace que la oración de los discípulos sea unánime.

Los Apóstoles, también en este texto, son enumerados por nombre, y como siempre, el primero es Pedro (cf. v. 13). Pero él mismo, de hecho, en primer lugar, es sostenido por María en su ministerio. De manera análoga, la Madre Iglesia sostiene el ministerio de los sucesores de Pedro con el carisma mariano. La Santa Sede vive de manera muy particular la copresencia de ambos polos: el mariano y el petrino. Y es el polo mariano el que asegura la *fecundidad* y la *santidad* del petrino, con su *maternidad*, don de Cristo y del Espíritu.

Queridos amigos, alabemos a Dios por su Palabra, lámpara que ilumina nuestros pasos y también nuestra vida cotidiana al servicio de la Santa Sede. Así, iluminados por esta Palabra, renovemos nuestra oración: «Concede, oh, Padre, que tu Iglesia, sostenida por el amor de Cristo, sea cada vez más fecunda en el Espíritu, se regocije por la santidad de sus hijos y acoja en su seno a toda la familia humana»*. Amén.

---

* *Ibid.*

Ser la mirada
de Pedro

*Discurso a los participantes en el Jubileo y en
la reunión de los Representantes Pontificios*

SALA CLEMENTINA

MARTES, 10 DE JUNIO DE 2025

Les agradezco ante todo que hayan venido, afrontando un viaje que para muchos de ustedes ha sido muy largo. ¡Gracias! Ustedes son, ya con su sola presencia, una imagen de la Iglesia católica, porque no existe en ningún país del mundo un cuerpo diplomático tan universal como el nuestro. Pero, al mismo tiempo, creo que se puede decir también que ningún país del mundo tiene un cuerpo diplomático tan unido como lo están ustedes: porque su comunión, nuestra comunión, no es solo funcional, ni solo ideal, sino que estamos unidos en Cristo y estamos unidos en la Iglesia. Es interesante reflexionar sobre este hecho: que la diplomacia de la Santa Sede constituye en su propio personal un modelo —ciertamente imperfecto, pero muy significativo— del mensaje que propone, es decir, el de la fraternidad humana y la paz entre todos los pueblos.

Queridísimos amigos, estoy dando los primeros pasos en este ministerio que el Señor me ha confiado. Y siento también hacia ustedes lo que confié hace unos días al hablar con la Secretaría de Estado, es decir, el agradecimiento hacia quienes me ayudan a desempeñar día a día mi servicio. Este agradecimiento es aún mayor cuando pienso —y lo compruebo al abordar las diversas cuestiones— que su trabajo muchas veces me precede. Sí, y esto vale especialmente para ustedes. Porque, cuando se me presenta una situación que afecta, por ejemplo, a la Iglesia en un determinado país, puedo contar con la documentación, las reflexiones y las síntesis preparadas por ustedes y sus colaboradores. La red de Representaciones Pontificias está siempre activa y operativa. Esto es para mí motivo de gran aprecio y gratitud. Lo digo pensando sin duda en la dedicación y la organización, pero aún más en las motivaciones que los guían, en el estilo pastoral que debe caracterizarnos, en el espíritu de fe que nos anima. Gracias a estas cualidades, yo también podré experimentar lo que escribía san Pablo VI, es decir que, a través de sus representantes, que residen en las distintas naciones, el papa se hace partícipe de la vida misma de sus hijos y, casi insertándose en ella, llega a conocer, de manera más rápida y segura, sus necesidades y, al mismo tiempo, sus aspiraciones*.

Y ahora quisiera compartir con ustedes una imagen bíblica que me ha venido a la mente pensando en su misión en relación con la mía. Al comienzo de los Hechos de los Apóstoles (3,1-10), el relato de la curación del cojo describe bien el ministerio de Pedro. Estamos en los albores de la experiencia cristiana y la primera comunidad, reunida en torno a los Apóstoles, sabe que puede contar con una única realidad: Jesús, resucitado y vivo. Un lisiado está sentado pidiendo limosna a la puerta del templo. Parece la imagen de una humanidad que ha perdido la esperanza y se ha resignado. Aún hoy, la Iglesia se encuentra a menudo con hombres y mujeres que ya no tienen alegría, que la sociedad ha marginado o que la vida ha obligado, en cierto modo, a mendigar su existencia. Así lo relata esta página de los Hechos:

---

* Cf. Pablo VI, Carta Apostólica M.P. *Sollicitudo omnium Ecclesiarum*, Introducción, 24 de junio de 1969.

Entonces Pedro, fijando la mirada en él junto con Juan, dijo: «Míranos». Y él se volvió hacia ellos, esperando recibir algo. Pero Pedro le dijo: «No tengo ni plata ni oro, pero lo que tengo te lo doy: en nombre de Jesucristo, el Nazareno, ¡camina!». Y, tomándolo de la mano derecha, lo levantó. De inmediato se le fortalecieron los pies y los tobillos, y saltando en pie, caminaba; y entró con ellos en el templo, caminando, saltando y glorificando a Dios (3,4-8).

La petición que Pedro le hace a este hombre da en que pensar: «¡Míranos!». Mirarse a los ojos significa construir una relación. El ministerio de Pedro es crear relaciones, puentes; y un representante del papa está ante todo al servicio de esta invitación, de esta mirada a los ojos. ¡Sean siempre la mirada de Pedro! Sean hombres capaces de construir relaciones allí donde cuesta más. Pero al hacerlo, mantengan la misma humildad y el mismo realismo de Pedro, que sabe muy bien que no tiene la solución para todo: «No tengo oro ni plata», dice; pero también sabe que tiene lo que importa, es decir, a Cristo, el sentido más profundo de toda existencia: «En el nombre de Jesucristo, el Nazareno, camina».

Dar a Cristo significa dar amor, dar testimonio de esa caridad que está dispuesta a todo. Cuento con ustedes para que en los países donde viven todos sepan que la Iglesia está siempre dispuesta a todo por amor, que está siempre del lado de los últimos, de los pobres, y que siempre defenderá el sacrosanto derecho a creer en Dios, a creer que esta vida no está en manos de los poderes de este mundo, sino que está atravesada por un sentido misterioso. Solo el amor es digno de fe ante el dolor de los inocentes, de los crucificados de hoy, a quienes muchos de ustedes conocen personalmente porque sirven a pueblos víctimas de guerras, de violencias, de injusticias, o incluso de ese falso bienestar que engaña y decepciona.

Queridos hermanos, que siempre los consuele el hecho de que su servicio está *sub umbra Petri*, como encontrarán inscrito en el anillo que recibirán como presente por mi parte. Que se sientan siempre unidos a Pedro, custodiados por Pedro, enviados por Pedro. Solo en la obediencia y en la comunión efectiva con el papa, su ministerio podrá ser eficaz para la edificación de la Iglesia, en comunión con los obispos locales.

Que tengan siempre una mirada que bendice,

porque el ministerio de Pedro es bendecir, es decir, saber ver siempre el bien, incluso el que está escondido, el que está en minoría. Que sientan que son misioneros, enviados por el papa para ser instrumentos de comunión, de unidad, al servicio de la dignidad de la persona humana, promoviendo en todas partes relaciones sinceras y constructivas con las autoridades con las que serán llamados a cooperar. Que su competencia esté siempre iluminada por la firme decisión por la santidad. Tienen como ejemplo a los santos que han estado al servicio diplomático de la Santa Sede, como san Juan XXIII y san Pablo VI.

Queridísimos, su presencia hoy aquí fortalece la conciencia de que el papel de Pedro es confirmar en la fe. Ustedes necesitan primero esta confirmación para convertirse en sus mensajeros, en signos visibles en todas las partes del mundo.

Que la Puerta Santa que atravesamos todos juntos ayer por la mañana nos impulse a ser testigos valientes de Cristo, que es siempre nuestra esperanza. Gracias.

Esperar es conectar

Audiencia jubilar

BASÍLICA DE SAN PEDRO

SÁBADO, 14 DE JUNIO DE 2025

En esta catequesis reanudamos las audiencias extraordinarias que el papa Francisco comenzó en enero con motivo del Jubileo, en las que se resaltaba un aspecto de la virtud teologal de la esperanza. Continuando en esa línea, quisiera que hoy, como los apóstoles que vieron en Jesús la tierra unida al cielo, nosotros tomemos en serio lo que a diario rezamos en el padrenuestro: «Así en la tierra como en el cielo». Y de este modo, seamos conscientes de que esperar es *conectar*.

Deseo proponerles la figura de un gran teólogo cristiano: san Ireneo de Lyon. Él, movido por la esperanza, unió el Oriente con el Occidente, llevando a este último la fe que aprendió y cultivo en el primero. Pero eso no es todo; en una época dividida por discrepancias doctrinales, conflictos internos entre la comunidad cristiana y persecuciones externas, lejos de desanimarse, profundizó su fe en Jesús, hasta el punto de comprender que, en el Señor, en su propia carne, se une lo que aparentemente es irreconciliable. De san Ireneo podemos aprender que la carne de Jesús debe ser acogida y contemplada en todo hermano y recordarnos que, solo en Cristo se realiza la comunión.

Llamados a ser luz de esperanza

Videomensaje a los jóvenes de Chicago y de todo el mundo reunidos en el Rate Field de Chicago

Es un placer para mí saludar a todos ustedes reunidos en el White Sox Park para esta gran celebración como comunidad de fe en la Arquidiócesis de Chicago. Un saludo especial al cardenal Cupich, a los obispos auxiliares, a todos mis amigos que se han reunido hoy para la Solemnidad de la Santísima Trinidad.

Y empiezo así porque la Trinidad es el modelo del amor de Dios por nosotros. Dios: Padre, Hijo y Espíritu. Tres personas en un solo Dios que viven unidas en la profundidad del amor, en comunidad, compartiendo esa comunión con todos nosotros.

Por eso, reunidos hoy en esta gran celebración, deseo expresarles mi gratitud y, al mismo tiempo, animarlos a seguir construyendo la comunidad, la amistad, como hermanos y hermanas en su vida cotidiana, en sus familias, en sus parroquias, en la arquidiócesis y en todo el mundo.

Quisiera enviar un saludo especial a todos los jóvenes: a ustedes que están reunidos hoy aquí y a los que puedan estar viendo este saludo a través de medios tecnológicos, en internet. A medida que crecen juntos, es posible que conozcan —sobre todo después de haber vivido el tiempo de la pandemia— tiempos de aislamiento, de grandes dificultades, a veces incluso de problemas en sus familias o en nuestro mundo actual. A veces puede ser que las circunstancias de sus vidas no les hayan dado la oportunidad de vivir de la fe, de vivir como miembros de una comunidad de fe, y me gustaría aprovechar esta oportunidad para invitarlos a cada uno de ustedes a mirar en su propio corazón, a reconocer que Dios está presente y que, tal vez de muchas maneras diferentes, Dios los busca, los llama, los invita a venir a conocer a su Hijo Jesucristo, a través de las Escrituras, tal vez a través de un amigo o un pariente…, un abuelo o una abuela, que tal vez sea una persona de fe. Descubrir lo importante que es para cada uno de nosotros prestar atención a la presencia de Dios en nuestros corazones, a ese deseo de amor en nuestras vidas, buscar de verdad, y encontrar formas en las que podamos hacer algo con nuestras vidas para servir a los demás.

Y en ese servicio a los demás, podemos descubrir que, uniéndonos en amistad, construyendo comunidad, también nosotros podemos encontrar el verdadero sentido de nuestras vidas. Momentos de angustia, de soledad... Tantas personas que sufren diversas experiencias de depresión o tristeza pueden descubrir que el amor de Dios es realmente capaz de curar, que trae esperanza, y que, de hecho, al reunirnos como amigos, como hermanos y hermanas, en una comunidad, en una parroquia, en una experiencia de vida vivida juntos en la fe, podemos descubrir que la gracia del Señor, el amor de Dios, puede realmente curarnos, puede darnos la fuerza que necesitamos, puede ser la fuente de esa esperanza que todos necesitamos en nuestras vidas.

Compartir este mensaje de esperanza unos con otros —concienciando, sirviendo, buscando formas de hacer de nuestro mundo un lugar mejor— nos da verdadera vida a todos y es un signo de esperanza para el mundo entero.

A los jóvenes aquí reunidos deseo decirles, una vez

más, que son la promesa de esperanza para muchos de nosotros. El mundo los mira y les dice: los necesitamos, los queremos con nosotros para compartir esta misión —como Iglesia y en la sociedad— de proclamar un mensaje de verdadera esperanza y de promover la paz, de promover la armonía entre todos los pueblos.

Debemos mirar más allá de nuestros —si podemos llamarlos así— egoísmos. Debemos buscar formas de unirnos y promover un mensaje de esperanza. San Agustín nos dice que si queremos que el mundo sea un lugar mejor, debemos empezar por nosotros mismos, debemos empezar por nuestras propias vidas, nuestros propios corazones[*].

Y así, en ese sentido, al reunirse como comunidad de fe, al celebrar en la Arquidiócesis de Chicago, al ofrecer su experiencia de alegría y esperanza, pueden comprender, pueden descubrir que ustedes también son, de hecho, faros de esperanza. Esa luz, que puede no ser fácil de ver en el horizonte; sin embargo, a medida que crecemos en nuestra unidad, a medida

---

[*] Cf. Agustín de Hipona, *Sermón* 311; *Comentario al Evangelio de San Juan, Homilía* 77.

que nos reunimos en comunión, descubrimos que esa luz se hace cada vez más brillante. Esa luz que, en realidad, es nuestra fe en Jesucristo. Y podemos convertirnos en ese mensaje de esperanza, para promover la paz y la unidad en todo el mundo.

Todos vivimos con muchas preguntas en el corazón. San Agustín habla tantas veces de nuestro corazón «que no tiene descanso» y dice: «Nuestro corazón no tiene descanso hasta que descanse en ti, Señor»*. Esta inquietud no es algo malo, y deberíamos buscar la manera de apagarla, de eliminar o incluso anestesiar las tensiones que sentimos, las dificultades que experimentamos. Más bien, deberíamos entrar en contacto con nuestro corazón y reconocer que Dios puede actuar en nuestras vidas, a través de nuestras vidas y, a través de nosotros, llegar a otras personas.

Quisiera terminar este breve mensaje dirigido a todos ustedes con una invitación a ser verdaderamente esa luz de esperanza. «La esperanza no defrauda», nos dice san Pablo en su carta a los Romanos (5,5). Cuando los veo a cada uno de ustedes, cuando veo cómo la gente se reúne para celebrar su fe, me

---

* *Ibid., Confesiones* 1,1.

doy cuenta de cuánta esperanza hay en el mundo. En este Año Jubilar de la Esperanza, Cristo, que es nuestra esperanza, nos llama de hecho a todos a unirnos, para que seamos un verdadero ejemplo vivo: la luz de la esperanza en el mundo de hoy. Así que me gustaría invitarlos a todos a tomarse un momento, a abrir sus corazones a Dios, al amor de Dios, a esa paz que solo el Señor puede darnos. A sentir lo profundamente hermoso, lo fuerte, lo significativo que es el amor de Dios en nuestras vidas. Y reconocer que, aunque no hacemos nada para merecer el amor de Dios, Dios, en su generosidad, sigue derramando su amor sobre nosotros. Y mientras nos da su amor, solo nos pide que seamos generosos y compartamos con los demás lo que nos ha dado.

Que sean verdaderamente bendecidos al reunirse en esta celebración. Que el amor y la paz del Señor desciendan sobre cada uno de ustedes, sobre sus familias, y que Dios los bendiga a todos, para que sean siempre faros de esperanza, signo de esperanza y de paz en todo el mundo.

Una danza de amor recíproco

*Homilía con ocasión de la Santa Misa
de la Solemnidad de la Santísima
Trinidad, Jubileo del Deporte*

BASÍLICA DE SAN PEDRO

DOMINGO, 15 DE JUNIO DE 2025

En la primera Lectura hemos escuchado estas palabras:

Así habla la Sabiduría de Dios: «El Señor me creó como primicia de sus caminos, antes de sus obras, desde siempre. [...] Cuando Él afianzaba el cielo, yo estaba allí; [...] yo estaba a su lado como un hijo querido y lo deleitaba día tras día, recreándome delante de Él en todo tiempo, recreándome sobre la faz de la tierra, y mi delicia era estar con los hijos de los hombres». (*Pr* 8,22.27.30-31)

Para san Agustín, la Trinidad y la sabiduría están íntimamente relacionadas. La sabiduría divina se revela en la Santísima Trinidad, y la sabiduría nos lleva siempre a la verdad.

Y hoy, mientras celebramos la solemnidad de la Santísima Trinidad, estamos viviendo el Jubileo del Deporte. El binomio Trinidad-deporte no es precisamente habitual, sin embargo, la asociación no es absurda. De hecho, toda buena actividad humana lleva consigo un reflejo de la belleza de Dios, y sin duda el deporte es una de ellas. Después de todo, Dios no es estático, no está cerrado en sí mismo. Es comunión, relación viva entre el Padre, el Hijo y el Espíritu Santo, que se abre a la humanidad y al mundo. La teología llama a esta realidad *pericoresis*, es decir, «danza»: una danza de amor recíproco.

Es de este dinamismo divino de donde brota la vida. Hemos sido creados por un Dios que se complace y se regocija en dar la existencia a sus criaturas, que «juega», como nos ha recordado la primera lectura (cf. *Pr* 8,30-31). Algunos Padres de la Iglesia hablan incluso, con audacia, de un *Deus ludens*, de un Dios que se divierte*. Es por eso que el deporte puede ayudarnos a encontrar a Dios Trinidad: porque requi-

---

* Cf. Salonio de Ginebra, *Expositio Mystica in Parabolas Salomonis et Ecclesiasten*; Gregorio Nacianceno, *Carmina*, I, 2, 589.

ere un movimiento del yo hacia el otro, ciertamente exterior, pero también y sobre todo interior. Sin esto, se reduce a una estéril competencia de egoísmos.

Pensemos en una expresión que, en italiano, se utiliza habitualmente para animar a los atletas durante las competiciones: los espectadores gritan: *«Dai!»* [en español «¡Dale!»]. Quizás no nos damos cuenta, pero es un imperativo precioso; es el imperativo del verbo «dar». Y esto nos puede hacer reflexionar: no se trata solo de dar una prestación física, quizá extraordinaria, sino de darse uno mismo, de «jugársela». Se trata de entregarse por los demás —por el propio crecimiento, por los aficionados, por los seres queridos, por los entrenadores, por los colaboradores, por el público, incluso por los adversarios— y, si se es verdaderamente deportista, esto vale independientemente del resultado. San Juan Pablo II —un deportista, como sabemos— hablaba así de ello: «El deporte es alegría de vivir, juego, fiesta, y como tal debe valorarse […] mediante la recuperación de su gratuidad, de su capacidad para estrechar lazos de amistad, para favorecer el diálogo y la apertura de unos hacia otros, […] por encima de las duras leyes de la producción y el consumo y de cualquier otra consideración puramente utilitaria y hedonista de la vida»*.

Desde este punto de vista, mencionamos en particular tres aspectos que hacen del deporte, hoy en día, un medio valioso para la formación humana y cristiana.

En primer lugar, en una sociedad marcada por la *soledad*, en la que el individualismo exagerado ha desplazado el centro de gravedad del «nosotros» al «yo», terminando por ignorar al otro, el deporte —especialmente cuando se practica en equipo— enseña el valor de la colaboración, de caminar juntos, de ese compartir que, como hemos dicho, está en el corazón mismo de la vida de Dios (cf. *Jn* 16,14-15). De este modo, puede convertirse en un importante instrumento de recomposición y encuentro, entre los pueblos, en las comunidades, en los entornos escolares y laborales, en las familias.

En segundo lugar, en una sociedad cada vez más

---

* Cf. Juan Pablo II, *Homilía para el Jubileo de los Deportistas*, 12 de abril de 1984.

digital, en la que las tecnologías, aunque acercan a personas lejanas, a menudo alejan a quienes están cerca, el deporte valora la concreción de estar juntos, el sentido del cuerpo, del espacio, del esfuerzo, del tiempo real. Así, frente a la tentación de huir a mundos virtuales, ayuda a mantener un contacto saludable con la naturaleza y con la vida concreta, único lugar en el que se ejerce el amor (cf. *1 Jn* 3,18).

En tercer lugar, en una sociedad *competitiva*, donde parece que solo los fuertes y los ganadores merecen vivir, el deporte también enseña a perder, poniendo a prueba al hombre, en el *arte de la derrota*, con una de las verdades más profundas de su condición: la fragilidad, el límite, la imperfección. Esto es importante, porque es a partir de la experiencia de esta fragilidad que nos abrimos a la esperanza. El atleta que nunca se equivoca, que no pierde jamás, no existe. Los campeones no son máquinas infalibles, sino hombres y mujeres que, incluso cuando caen, encuentran el valor para levantarse. Recordemos una vez más, a este respecto, las palabras de san Juan Pablo II, quien decía que Jesús es «el verdadero atleta de

Dios», porque venció al mundo no con la fuerza, sino con la fidelidad del amor[*].

No es casualidad que, en la vida de muchos santos de nuestro tiempo, el deporte haya tenido un papel significativo, tanto como práctica personal que como vía de evangelización. Pensemos en el beato Pier Giorgio Frassati, patrono de los deportistas, que será proclamado santo el próximo 7 de septiembre. Su vida, sencilla y luminosa, nos recuerda que, así como nadie nace campeón, tampoco nadie nace santo. Es el entrenamiento diario del amor lo que nos acerca a la victoria definitiva (cf. *Rm* 5,3-5) y nos hace capaces de trabajar en la construcción de un mundo nuevo. Así lo afirmaba también san Pablo VI, veinte años después del final de la Segunda Guerra Mundial, recordando a los miembros de una asociación deportiva católica lo mucho que el deporte había contribuido a devolver la paz y la esperanza a una sociedad devastada por las consecuencias de la guerra. Decía, «es la formación de una sociedad nueva a la que se dirigen vuestros esfuerzos: [...] conscientes

---

[*] Cf. id., *Homilía en la Misa por el Jubileo de los Deportistas*, 29 octubre 2000.

de que el deporte, en los sanos elementos formativos que valora, puede ser un instrumento muy útil para la elevación espiritual de la persona humana, condición primera e indispensable de una sociedad ordenada, serena y constructiva»[*].

Queridos deportistas, la Iglesia les confía una misión maravillosa: ser, en las actividades que realizan, reflejo del amor de Dios Trinidad para bien de ustedes y sus hermanos. Comprométanse con entusiasmo en esta misión: como atletas, como formadores, como sociedad, como grupos, como familias. El papa Francisco solía subrayar que María, en el Evangelio, se nos presenta activa, en movimiento, incluso «corriendo» (cf. *Lc* 1,39), dispuesta, como saben hacer las madres, a ponerse en movimiento ante la señal de Dios, para socorrer a sus hijos[†]. Le pedimos que acompañe nuestros esfuerzos y nuestros impulsos, y que los oriente siempre hacia lo mejor, hasta la victoria más grande: la de la eternidad, el «campo infinito» donde el juego no tendrá fin y la alegría será plena (cf. *1 Co* 9,24-25; *2 Tim* 4,7-8).

---

[*] Cf. Pablo VI, *Discurso a los miembros del C.S.I.*, 20 de marzo de 1965.
[†] Cf. Francisco, *Discurso a los voluntarios de la JMJ*, 6 de agosto de 2023.

Compartir el asombro

*Discurso a los participantes en la Escuela
de Verano de Astrofísica promovida
por el Observatorio Vaticano*

SALA DEL CONSISTORIO

Me complace tener la oportunidad de saludar a todos ustedes, estudiantes y académicos de diversas partes del mundo que participan en la Escuela de Verano del Observatorio Vaticano. Les deseo lo mejor para que esta experiencia de convivencia y estudio no sea solo un enriquecimiento académico y personal, sino que también contribuya a desarrollar amistades y formas de colaboración que no pueden sino contribuir al progreso de la ciencia al servicio de nuestra única familia humana.

La Escuela de Verano de este año está dedicada, según me han dicho, al tema «Explorar el universo con el telescopio espacial James Webb». ¡Sin duda, este debe ser un momento emocionante para ser astrónomos! Gracias a ese instrumento verdaderamente notable, por primera vez somos capaces de escudriñar en las profundidades de la atmósfera de los exoplanetas, donde podría desarrollarse la vida, y estudiar las nebulosas, donde se forman los propios sistemas planetarios. Con el Webb podemos incluso rastrear la luz antigua de galaxias lejanas, que nos habla del comienzo mismo de nuestro universo. Los autores de las Sagradas Escrituras, al escribir hace ya tantos siglos, no pudieron disfrutar de este privilegio. Sin embargo, su imaginación poética y religiosa reflexionó sobre cómo podría haber sido el momento de la creación, cuando «las estrellas brillan alegres en sus puestos de guardia; Él las llama y ellas responden:"Aquí estamos", y resplandecen de alegría por el que las creó» (*Baruc* 3,34). Hoy, ¿no nos llenan de asombro y, de hecho, de una alegría misteriosa las imágenes del James Webb mientras contemplamos su sublime belleza?

El equipo científico del telescopio espacial ha trabajado duro para que estas imágenes estén disponibles al público, algo por lo que todos podemos estar agradecidos. Pero, de manera especial, todos ustedes que participan en la Escuela de Verano han recibido los conocimientos y la formación que les permitirán utilizar este extraordinario instrumento para ampliar nuestro conocimiento del cosmos, del que somos una parte minúscula pero significativa.

Por supuesto, ninguno de ustedes ha llegado hasta aquí solo. Cada uno de ustedes forma parte de una comunidad mucho más grande. Piensen en todas las personas que han trabajado durante los últimos treinta años para construir el telescopio espacial y sus instrumentos, y en aquellos que han trabajado para desarrollar las ideas científicas para cuya verificación fue diseñado. Además de la contribución de sus colegas científicos, ingenieros y matemáticos, es también gracias al apoyo de sus familias y de muchos de sus amigos que han podido apreciar y participar en esta extraordinaria empresa, que nos ha permitido ver de una manera nueva el mundo que nos rodea.

Por lo tanto, nunca olviden que lo que hacen es para el beneficio de todos nosotros.

Sean generosos a la hora de compartir lo que aprenden y lo que experimentan, en la medida de sus posibilidades y de cualquier forma que puedan. No duden en compartir la alegría y el asombro que les produce contemplar las «semillas» que, en palabras de san Agustín, Dios ha esparcido en la armonía del universo[*]. Cuanta más alegría compartan, más alegría crearán y, así, a través de su búsqueda del conocimiento, cada uno de ustedes podrá contribuir a la construcción de un mundo más pacífico y justo.

---

[*] Cf. Agustín de Hipona, *De Genesis ad litteram*, V, 23, 44-45.

La brújula del derecho natural

Discurso a los participantes en el
Jubileo de los Gobernantes

AULA DE LAS BENDICIONES

La política ha sido definida acertadamente como «la forma más elevada de la caridad», citando al papa Pío XI[*]. En efecto, si consideramos el servicio que la vida política presta a la sociedad y al bien común, puede considerarse verdaderamente un acto de amor cristiano, que nunca es simplemente una teoría, sino siempre un signo concreto y un testimonio de la constante preocupación de Dios por el bien de nuestra familia humana[†].

A este respecto, me gustaría compartir con ustedes esta mañana tres reflexiones que considero importantes en el contexto cultural actual.

---

[*] Pio XI, *Discurso a la Federación Italiana de Universidades Católicas*, 18 de diciembre de 1927.

[†] Cf. Francisco, Carta encíclica *Fratelli Tutti* sobre la fraternidad y la amistad social, 3 de octubre de 2020, 176-192.

La primera se refiere a su responsabilidad de promover y proteger, independientemente de cualquier interés particular, *el bien de la comunidad, el bien común*, defendiendo especialmente a los vulnerables y marginados. Esto significaría, por ejemplo, trabajar para superar la inaceptable desproporción entre la inmensa acumulación de las riquezas concentradas en manos de unos pocos y los pobres del mundo[*]. Los que viven en condiciones extremas claman para que se escuche su voz y, a menudo, no encuentran oídos dispuestos a escuchar su súplica. Este desequilibrio genera situaciones de injusticia persistente, que fácilmente conducen a la violencia y, tarde o temprano, a la tragedia de la guerra. Una política sana, en cambio, al promover la distribución equitativa de los recursos, puede ofrecer un servicio eficaz a la armonía y la paz, tanto en el ámbito nacional como en el internacional.

La segunda reflexión se refiere a la *libertad religiosa y al diálogo interreligioso*. Este ámbito ha adquirido mayor importancia en el tiempo actual, y la vida política puede lograr mucho favoreciendo las

---

[*] Cf. León XIII, Carta encíclica *Rerum Novarum*, 15 de mayo de 1891, 1.

condiciones para que exista una auténtica libertad religiosa y se desarrolle un encuentro respetuoso y constructivo entre las diferentes comunidades religiosas. La fe en Dios, con los valores positivos que de ella se derivan, es una fuente inmensa de bondad y de verdad para la vida de las personas y de las comunidades. San Agustín hablaba de la necesidad de pasar del *amor sui* —el amor egoísta, miope y destructivo— al *amor Dei* —el amor libre y generoso, fundado en Dios y que conduce a la entrega de sí mismo—. Ese paso, enseñaba, es esencial para la construcción de la *civitas Dei*, una sociedad cuya ley fundamental es la caridad*.

Para tener un punto de referencia común en la actividad política y no excluir *a priori* cualquier consideración de lo trascendente en los procesos decisorios, sería útil buscar un elemento que una a todos. A tal fin, un punto de referencia esencial es la *ley natural*, escrita no por manos humanas, sino reconocida como válida en todos los tiempos y lugares, y que encuentra su argumento más plausible y convincente en la propia naturaleza. En las palabras de Cicerón, ya

---

* Cf. Agustín de Hipona, *De Civitate Dei*, XIV, 28.

autoritario exponente de esta ley en la antigüedad, cito de *De Re Publica*:

> La ley natural es la razón recta, conforme a la naturaleza, universal, constante y eterna, que con sus mandamientos invita al deber y con sus prohibiciones aleja del mal [...]. No es lícito modificar esta ley ni sustraerle ninguna parte, ni es posible abolirla por completo; ni por medio del Senado ni del pueblo podemos liberarnos de ella, ni es necesario buscar a quien la comente o la interprete. Y no habrá una ley en Roma, otra en Atenas, una ahora y otra después, sino una sola ley eterna e inmutable que gobernará a todos los pueblos en todos los tiempos*.

La ley natural, universalmente válida más allá y por encima de otras convicciones de carácter más discutible, constituye la brújula que nos orienta en la legislación y en la acción, especialmente en las delicadas y apremiantes cuestiones éticas que, hoy más que en el pasado, afectan al ámbito de la vida

---

* Cicerón, *De Re Publica*, III, 22.

personal y privada. La *Declaración Universal de los Derechos Humanos*, aprobada y proclamada por las Naciones Unidas el 10 de diciembre de 1948, forma parte hoy del patrimonio cultural de la humanidad. Ese texto, siempre actual, puede contribuir en gran medida a situar a la persona humana, en su integridad inviolable, en el centro de la búsqueda de la verdad, devolviendo así la dignidad a quienes no se sienten respetados en lo más íntimo de su ser y en los principios dictados por su conciencia.

Y llegamos a la tercera consideración. El grado de civilización alcanzado en nuestro mundo y los objetivos a los que están llamados a responder encuentran hoy un gran desafío en la *inteligencia artificial*. Se trata de un desarrollo que sin duda será de gran ayuda para la sociedad, siempre y cuando su uso no afecte a la identidad y la dignidad de la persona humana y sus libertades fundamentales. En particular, no hay que olvidar que la inteligencia artificial tiene su función en ser un instrumento para el bien del ser humano, no para degradarlo, ni para definir su derrota y sustituirlo. Se perfila, por tanto, un reto considerable, que requiere mucha atención y una mirada previsora hacia el futuro, para proyectar, incluso en el contexto de nuevos escenarios, estilos de vida sanos, justos y seguros, sobre todo en beneficio de las generaciones más jóvenes.

Nuestra vida personal tiene más valor que cualquier algoritmo, y las relaciones sociales requieren espacios humanos muy superiores a los esquemas limitados que cualquier máquina sin alma puede preconfigurar. No olvidemos que, a pesar de ser capaz de almacenar millones de datos y ofrecer en pocos segundos respuestas a muchas preguntas, la inteligencia artificial sigue teniendo una «memoria» estática, que no es en absoluto comparable a la de los hombres y las mujeres, que es creativa, dinámica, generativa, capaz de unir el pasado, el presente y el futuro en una búsqueda viva y fecunda de sentido, con todas las implicaciones éticas y existenciales que esto conlleva*.

La política no puede ignorar una provocación de esta magnitud. Al contrario, se ve llamada a responder a tantos ciudadanos que, con razón, miran con confianza y preocupación a los retos que plantea esta nueva cultura digital.

---

* Cf. Francisco, *Discurso en la Sesión del G7 sobre Inteligencia Artificial*, 14 de junio de 2024.

San Juan Pablo II, con motivo del Jubileo del 2000, señaló a los políticos a santo Tomás Moro como testimonio a quien mirar e intercesor bajo cuya protección poner su compromiso. En efecto, sir Thomas More fue un hombre fiel a sus responsabilidades civiles, un perfecto servidor del Estado precisamente en virtud de su fe, que lo llevó a interpretar la política no como una profesión, sino como una misión para el crecimiento de la verdad y del bien. Él «puso su actividad pública al servicio de la persona, especialmente de los débiles y pobres; gestionó las controversias sociales con exquisito sentido de la equidad; protegió la familia y la defendió con enérgico compromiso; promovió la educación integral de la juventud»*. El valor con el que no dudó en sacrificar su propia vida para no traicionar la verdad lo convierte aún hoy, para nosotros, en un mártir de la libertad y del primado de la conciencia. ¡Que su ejemplo sea fuente de inspiración y guía para cada uno de ustedes!

---

* Juan Pablo II, Carta Apostólica M.P. *E Sancti Thomae Mori*, 31 de octubre de 2000, 4.

Compartir el pan para multiplicar la esperanza

Homilía con ocasión de la Santa Misa en la Solemnidad del Santísimo Cuerpo y Sangre de Cristo

PLAZA DE SAN JUAN DE LETRÁN

DOMINGO, 22 DE JUNIO DE 2025

Queridos hermanos y hermanas, es hermoso estar con Jesús. El Evangelio que acabamos de escuchar lo atestigua, narrando que las multitudes permanecían horas y horas con Él, que hablaba del Reino de Dios y curaba a los enfermos (cf. *Lc* 9,11). La compasión de Jesús por quienes sufren manifiesta la amorosa cercanía de Dios, que viene al mundo para salvarnos. Cuando Dios reina, el hombre es liberado de todo mal. Sin embargo, incluso para aquellos que reciben la buena nueva de Jesús, llega la hora de la prueba. En aquel lugar desierto, donde las multitudes han escuchado al Maestro, cae la tarde y no hay nada para comer (cf. v. 12). El hambre del pueblo y la puesta del sol son signos de un límite que se cierne sobre el mundo, sobre cada criatura: el día termina, al igual que la vida de los hombres. Es en esta hora, en el tiempo de la indigencia y de las sombras, cuando Jesús permanece entre nosotros.

Justo cuando el sol se pone y el hambre crece, mientras los propios apóstoles piden despedir a la gente, Cristo nos sorprende con su misericordia. Él tiene compasión del pueblo hambriento e invita a sus discípulos a que se ocupen de él, porque el hambre no es una necesidad que no tenga que ver con el anuncio del Reino y el testimonio de la salvación. Al contrario, esta hambre está vinculada con nuestra relación con Dios. Sin embargo, cinco panes y dos peces no parecen suficientes para alimentar al pueblo, porque los cálculos de los discípulos, aparentemente razonables, revelan, en cambio, su poca fe. Ya que, en realidad, con Jesús contamos con todo lo necesario para dar fuerza y sentido a nuestra vida.

En efecto, a la urgencia del hambre, Él responde con el signo del compartir: *levanta* los ojos, *pronuncia* la bendición, *parte* el pan y *da* de comer a todos los presentes (cf. v. 16). Los gestos del Señor no inauguran un complejo ritual mágico, sino que manifiestan con sencillez el agradecimiento hacia el Padre, la oración filial de Cristo y la comunión fraterna que sostiene el Espíritu Santo. Para multiplicar los panes y los peces, Jesús divide los que hay: solo así hay suficiente para todos, es más, sobran. Después de haber comido —hasta saciarse—, con lo que sobró, llenaron doce canastos (cf. v. 17).

Esta es la lógica que salva al pueblo hambriento: Jesús actúa según el estilo de Dios, enseñando a hacer lo mismo. Hoy, en lugar de las multitudes que aparecen en el Evangelio, hay pueblos enteros, humillados por la codicia ajena aún más que por el hambre misma. Ante la miseria de muchos, la acumulación de unos pocos es signo de una soberbia indiferente, que produce dolor e injusticia. En lugar de compartir, la opulencia desperdicia los frutos de la tierra y del trabajo del hombre. Especialmente en este año jubilar, el ejemplo del Señor sigue siendo para nosotros un criterio urgente de acción y servicio: compartir el pan, para multiplicar la esperanza, proclama la venida del Reino de Dios.

Al salvar del hambre a las multitudes, Jesús anuncia que salvará a todos de la muerte. Este es el misterio de la fe, que celebramos en el sacramento de la Eucaristía. Así como el hambre es señal de nuestra radical indigencia vital, así también el partir el pan es signo del don divino de la salvación.

Queridos amigos, Cristo es la respuesta de Dios al hambre del hombre, porque su cuerpo es el pan de la vida eterna: ¡tomen y coman todos de Él! La invitación de Jesús abarca nuestra experiencia cotidiana: para vivir, necesitamos alimentarnos de la vida, quitándosela a las plantas y a los animales. Sin embargo, comer algo exánime nos recuerda que también nosotros, por mucho que comamos, moriremos. En cambio, cuando nos alimentamos de Jesús, pan vivo y verdadero, vivimos para Él. Ofreciéndose sin reservas, el Crucificado Resucitado se entrega a nosotros, y de este modo descubrimos que hemos sido hechos para nutrirnos de Dios. Nuestra naturaleza hambrienta lleva la marca de una indigencia que es saciada por la gracia de la Eucaristía. Como escribe san Agustín, Cristo es, de verdad, *«panis qui reficit, et non deficit; panis qui sumi potest, consumi non potest»* es decir, un pan que nutre y nunca falta; un pan que se puede comer pero que nunca se agota[*]. La Eucaristía, en efecto, es la presencia verdadera, real y sustancial del Salvador[†], que transforma el pan

---

[*] Agustín de Hipona, *Sermo* 130, 2.
[†] Cf. *Catecismo de la Iglesia católica*, 1413.

en sí mismo, para transformarnos en Él. Vivo y vivificante, el *Corpus Domini* hace de nosotros, o sea, de la Iglesia misma, el cuerpo del Señor.

Por eso, según las palabras del apóstol Pablo (cf. *1 Cor* 10,17), el Concilio Vaticano II enseña que «la unidad de los fieles, que constituyen un solo cuerpo en Cristo, está representada y se realiza por el sacramento del pan eucarístico [...]. Todos los hombres están llamados a esta unión con Cristo, luz del mundo, de quien procedemos, por quien vivimos y hacia quien caminamos»[*]. La procesión que comenzaremos dentro de poco es un signo de ese camino. Juntos, pastores y rebaño, nos alimentamos del Santísimo Sacramento, lo adoramos y lo llevamos por las calles. Al hacerlo, lo ofrecemos a la mirada, a la conciencia y al corazón de la gente. Al corazón de quien cree, para que crea más firmemente, y al corazón de quien no cree, para que se cuestione sobre el hambre que tenemos en el alma y sobre el pan que puede saciarla.

Fortalecidos por el alimento que Dios nos da,

---

[*] Concilio Ecuménico Vaticano II, Constitución Dogmática sobre la Iglesia *Lumen gentium*, 21 de noviembre de 1964, 3.

llevemos a Jesús al corazón de todos, porque Jesús incluye a todos en la obra de la salvación, invitando a cada uno a participar en su mesa. ¡Dichosos los invitados, que se convierten en testigos de este amor!

Amar con el Corazón de Cristo

*Meditación con motivo del Jubileo
de los Seminaristas*

BASÍLICA DE SAN PEDRO,
ALTAR DE LA CONFESIÓN

MARTES, 24 DE JUNIO DE 2025

M e alegra mucho encontrarme con ustedes y les doy las gracias a todos, seminaristas y formadores, por su cálida presencia. Gracias, ante todo, por su alegría y su entusiasmo. ¡Gracias porque con su energía alimentan la llama de la esperanza en la vida de la Iglesia!

Hoy no son solo *peregrinos*, sino también *testigos de esperanza*: la testimonian a mí y a todos, porque se han dejado involucrar por la fascinante aventura de la vocación sacerdotal en un tiempo no fácil. Han acogido la llamada a convertirse en anunciadores mansos y fuertes de la Palabra que salva, servidores de una Iglesia abierta y de una Iglesia en salida misionera.

Y digo una palabra también en español, gracias por haber aceptado con valentía la invitación del

Señor a seguir, a ser discípulo, a entrar en el seminario. Hay que ser valientes y no tengan miedo.

A Cristo que llama, ustedes le están diciendo «sí», con humildad y valentía; y este «aquí estoy» que le dirigen a Él, germina en la vida de la Iglesia y se deja acompañar por el necesario camino de discernimiento y formación.

Jesús, como ustedes saben, los llama ante todo a vivir una experiencia de amistad con Él y con los compañeros de cordada (cf. *Mc* 3,13); una experiencia destinada a crecer de manera permanente también después de la Ordenación y que involucra todos los aspectos de la vida. De hecho, no hay nada en ustedes que deba ser descartado, sino que todo debe ser asumido y transfigurado en la lógica del grano de trigo, con el fin de convertirse en personas y sacerdotes felices, «puentes» y no obstáculos para el encuentro con Cristo para todos aquellos que se acercan a ustedes. Sí, Él debe crecer y nosotros disminuir, para que podamos ser pastores según su Corazón*.

Hablando del Corazón de Jesucristo, ¿cómo no

---

* Cf. Juan Pablo II, Exhortación Apostólica Postsinodal *Pastores dabo vobis*, 25 de marzo de 1992, 43.

recordar la encíclica *Dilexit nos* que nos ha donado el querido papa Francisco?[*]. Precisamente en este tiempo que están viviendo, es decir, el tiempo de la formación y del discernimiento, es importante centrar la atención en el centro, en el «motor» de todo su camino: ¡el corazón! El seminario, sea cual sea su modalidad, debe ser una escuela de los afectos. Hoy, de manera particular, en un contexto social y cultural marcado por el conflicto y el narcisismo, necesitamos aprender a amar y a hacerlo como Jesús[†].

Como Cristo amó con corazón de hombre[‡], ¡ustedes están llamados a amar con el Corazón de Cristo! Amar con el corazón de Jesús. Pero para aprender este arte hay que trabajar en la propia interioridad, donde Dios hace oír su voz y desde donde parten las decisiones más profundas; pero que es también lugar de tensiones y luchas (cf. *Mc* 7,14-23), que hay que convertir para que toda su humanidad huela a Evangelio. El primer trabajo, por tanto, hay que hacerlo en la interioridad. Recuerden bien la

---

[*] Francisco, Carta Encíclica *Dilexit nos* sobre el amor humano y divino del Corazón de Jesucristo, *24 de octubre de 2024.*

[†] Cf. *Ibíd.*, 17.

[‡] Concilio Ecuménico Vaticano II, Constitución Pastoral *Gaudium et spes* sobre la Iglesia en el mundo actual, 7 de diciembre de 1965, I, 22.

invitación de san Agustín a volver al corazón, porque allí encontramos las huellas de Dios. Bajar al corazón a veces puede darnos miedo, porque en él también hay heridas. No tengan miedo de cuidarlas, déjense ayudar, porque precisamente de esas heridas nacerá la capacidad de estar junto a los que sufren. Sin vida interior tampoco es posible la vida espiritual, porque Dios nos habla precisamente allí, en el corazón; tenemos que saber escucharlo. Parte de este trabajo interior es también el entrenamiento para aprender a reconocer los movimientos del corazón: no solo las emociones rápidas e inmediatas que caracterizan el alma de los jóvenes, sino sobre todo sus sentimientos, que los ayudan a descubrir la dirección de su vida. Si aprenden a conocer su corazón, serán cada vez más auténticos y no necesitarán ponerse máscaras. Y el camino privilegiado que nos lleva a la interioridad es la oración: en una época en la que estamos hiperconectados, cada vez es más difícil experimentar el silencio y la soledad. Sin el encuentro con Él, ni siquiera podemos conocernos verdaderamente a nosotros mismos.

Los invito a invocar con frecuencia al Espíritu Santo, para que forme en ustedes un corazón dócil, capaz de captar la presencia de Dios, también escuchando las voces de la naturaleza y del arte, de la poesía, de la literatura y de la música, así como de las ciencias humanas[*]. En el riguroso compromiso del estudio teológico, sepan también escuchar con mente y corazón abiertos las voces de la cultura, como los recientes desafíos de la inteligencia artificial y los de las redes sociales[†]. Sobre todo, como hacía Jesús, sepan escuchar el grito, a menudo silencioso, de los pequeños, de los pobres y de los oprimidos y de tantos, sobre todo jóvenes, que buscan un sentido a su vida.

Si cuidan su corazón, con momentos diarios de silencio, meditación y oración, podrán aprender el arte del discernimiento. También esto es un trabajo importante: aprender a discernir. Cuando somos jóvenes, llevamos dentro muchos deseos, muchos sueños y ambiciones. El corazón a menudo está abarrotado y sucede que nos sentimos confundidos. En cambio, siguiendo el modelo de la Virgen María, nuestra interioridad debe ser capaz de custodiar y meditar.

---

[*] Cf. Francisco, *Carta sobre el papel de la literatura en la formación*, 17 de julio de 2024. Cf. Concilio Ecuménico Vaticano II, Constitución Pastoral *Gaudium et spes*, cit., I, 22.

[†] Cf. Congregación para el Clero, *Ratio Fundamentalis Institutionis Sacerdotalis, El don de la vocación presbiteral*, 8 de diciembre de 2016, 97.

Capaz de *synballein*, como escribe el evangelista Lucas (2,19.51): juntar los fragmentos*. Guárdense de la superficialidad y junten los fragmentos de la vida en la oración y la meditación, preguntándose: ¿qué me enseña lo que estoy viviendo? ¿Qué le dice a mi camino? ¿Hacia dónde me está guiando el Señor?

Queridísimos, tengan un corazón manso y humilde como el de Jesús (cf. *Mt* 11,29). Siguiendo el ejemplo del apóstol Pablo (cf. *Fil* 2,5ss), puedan asumir los sentimientos de Cristo, para progresar en la madurez humana, sobre todo afectiva y relacional. Es importante, más aún necesario, desde el tiempo del seminario, apostar mucho por la madurez humana, rechazando todo disfraz e hipocresía. Con la mirada puesta en Jesús, hay que aprender a dar nombre y voz también a la tristeza, al miedo, a la angustia, a la indignación, llevando todo a la relación con Dios. Las crisis, los límites, las fragilidades no deben ocultarse, sino que son ocasiones de gracia y de experiencia pascual.

En un mundo en el que a menudo hay ingratitud y sed de poder, en el que a veces parece prevalecer

---

* Cf. Francisco, Carta Encíclica *Dilexit nos*, cit., 19.

la lógica del descarte, ustedes están llamados a dar testimonio de la gratitud y la gratuidad de Cristo, del júbilo y la alegría, de la ternura y la misericordia de su Corazón. Practicar el estilo de acogida y cercanía, de servicio generoso y desinteresado, dejando que el Espíritu Santo «unja» su humanidad incluso antes de la ordenación.

El Corazón de Cristo está animado por una inmensa compasión: es el buen samaritano de la humanidad y nos dice: «Ve y haz tú lo mismo» (*Lc* 10, 37). Esta compasión lo impulsa a partir el pan de la Palabra y del compartir para las multitudes (cf. *Mc* 6, 30-44), dejando entrever el gesto del Cenáculo y de la Cruz, cuando se entregaría a sí mismo para ser comido, y nos dice: «Ustedes denles de comer» (*Mc* 6, 37), es decir, hagan de su vida un don de amor.

Queridos seminaristas, la sabiduría de la Madre Iglesia, asistida por el Espíritu Santo, busca siempre, a lo largo del tiempo, los medios más adecuados para la formación de los ministros ordenados, según las necesidades de los lugares. En este compromiso, ¿cuál es su tarea? Es la de no rebajar nunca sus exigencias, no conformarse, no ser meros receptores pasivos, sino apasionarse por la vida sacerdotal, viviendo el presente y mirando al futuro con corazón profético. Espero que este nuestro encuentro ayude a cada uno de ustedes a profundizar en el diálogo personal con el Señor, en el que le pidan asimilar cada vez más los sentimientos de Cristo, los sentimientos de su Corazón. Ese Corazón que palpita de amor por ustedes y por toda la humanidad. ¡Buen camino! Los acompaño con mi bendición.

Ver lo invisible

Meditación con motivo del Jubileo de los Obispos

BASÍLICA DE SAN PEDRO, ALTAR DE LA CÁTEDRA

MIÉRCOLES, 25 DE JUNIO DE 2025

Aprecio y admiro su compromiso de venir en peregrinación a Roma, sabiendo bien cuánto sean apremiantes las exigencias del ministerio. Pero cada uno de ustedes, como también yo, antes de ser pastores, ¡somos ovejas del rebaño del Señor! Y por eso también nosotros, es más, nosotros primero, estamos invitados a atravesar la Puerta Santa, símbolo de Cristo Salvador. Para guiar a la Iglesia confiada a nuestros cuidados, debemos dejarnos renovar profundamente por Él, el Buen Pastor, para conformarnos plenamente a su corazón y a su misterio de amor. «*Spes non confundit*», «la esperanza no defrauda» (*Rm* 5,5). ¡Cuántas veces el papa Francisco repitió estas palabras de san Pablo! Se habían convertido en su lema, hasta el punto de que las escogió como *íncipit* de la bula de convocación de este año jubilar.

Nosotros, los obispos, somos los primeros herederos de esta consigna, y debemos custodiarla y trasmitirla al Pueblo de Dios, con la palabra y el testimonio. A veces, anunciar que la esperanza no defrauda significa ir a contracorriente, incluso contra la evidencia de situaciones dolorosas que parecen no tener salida. Pero es precisamente en esos momentos cuando mejor se manifiesta que nuestra fe y nuestra esperanza no provienen de nosotros mismos, sino de Dios. Y entonces, si somos verdaderamente cercanos, solidarios con quienes sufren, el Espíritu Santo puede reavivar en los corazones la llama que ya casi se había apagado.[*]

Queridos hermanos, el pastor es testigo de esperanza con el ejemplo de una vida firmemente anclada en Dios y totalmente dedicada al servicio de la Iglesia. Y esto ocurre en la medida en que se identifica con Cristo en su vida personal y en su ministerio apostólico, entonces el Espíritu del Señor da forma a su manera de pensar, a sus sentimientos, a sus comportamientos. Detengámonos juntos a con-

---

[*] Cf. Francisco, Bula de convocación del Jubileo ordinario del año 2025, *Spes Non Confundit*, 3.

siderar algunos rasgos que caracterizan este testimonio.

El obispo es, ante todo, el *principio visible de unidad* en la Iglesia particular que le ha sido confiada. Su tarea es velar para que ella se edifique en la comunión entre todos sus miembros y con la Iglesia universal, valorizando la contribución de los diversos dones y ministerios para el crecimiento común y la difusión del Evangelio. En este servicio, como en toda su misión, el obispo cuenta con una gracia divina especial que le fue conferida en la ordenación episcopal: ella lo sostiene como maestro de la fe, como santificador y guía espiritual; anima su dedicación al Reino de Dios, para la salvación eterna de las personas, para transformar la historia con la fuerza del Evangelio.

El segundo aspecto que me gustaría considerar, siempre partiendo de Cristo como modelo de vida del Pastor, lo definiría de esta manera: el obispo como *hombre de vida teologal*. Lo que equivale a decir: hombre plenamente dócil a la acción del Espíritu Santo, que suscita en él la fe, la esperanza y la caridad y las alimenta, como la llama del fuego, en las diferentes situaciones existenciales.

El obispo es *hombre de fe*. Y aquí me viene a la

mente esa maravillosa página de la Carta a los Hebreos (cf. cap. 11), donde el autor, comenzando por Abel, hace una larga lista de «testigos» de la fe; y en particular pienso en Moisés, quien, llamado por Dios para guiar al pueblo hacia la tierra prometida, «se mantuvo firme —dice el texto— como si estuviera viendo al Invisible» (*Hb* 11,27). Qué hermoso es este retrato del hombre de fe: alguien que, por la gracia de Dios, ve más allá, ve la meta y permanece firme en la prueba. Pensemos en las veces en que Moisés intercede por el pueblo ante Dios. Como él, el obispo en su Iglesia es el intercesor, porque el Espíritu mantiene viva en su corazón la llama de la fe.

En esta misma perspectiva, el obispo es *hombre de esperanza*, porque «la fe es la garantía de los bienes que se esperan, la plena certeza de las realidades que no se ven» (*Hb* 11,1). Especialmente cuando el camino del pueblo se hace más difícil, el pastor, por virtud teologal, ayuda a no desesperar; no con las palabras, sino con la cercanía. Cuando las familias llevan cargas excesivas y las instituciones públicas no las sostienen adecuadamente; cuando los jóvenes están decepcionados y hartos de mensajes falsos; cuando los ancianos y las personas con discapacidades graves se sienten abandonados, el obispo está cerca y no ofrece recetas, sino la experiencia de comunidades que tratan de vivir el Evangelio con sencillez y compartiendo con generosidad.

Y de esta manera, su fe y su esperanza se funden en él como *hombre de caridad pastoral*. Toda la vida del obispo, todo su ministerio, tan diverso y multiforme, encuentra su unidad en lo que san Agustín llama *amoris officium*. Aquí se expresa y se manifiesta al máximo grado su existencia teologal. En la predicación, en las visitas a las comunidades, en la escucha a los presbíteros y a los diáconos, en las decisiones administrativas, todo está animado y motivado por la caridad de Jesucristo Pastor. Con su gracia, obtenida diariamente en la Eucaristía y en la oración, el obispo da ejemplo de amor fraternal hacia su coadjutor o auxiliar, hacia el obispo emérito y los obispos de las diócesis vecinas, hacia sus colaboradores más cercanos, como también hacia los sacerdotes en dificultades o enfermos. Su corazón es abierto y accesible, y así es también su casa.

Queridos hermanos, este es el núcleo teológico de la vida del pastor. Alrededor de este, y siempre animadas por el mismo Espíritu, quisiera situar otras virtudes indispensables: la prudencia pastoral, la pobreza, la perfecta continencia en el celibato y las virtudes humanas.

La *prudencia pastoral* es la sabiduría práctica que guía al obispo en sus decisiones, en el gobierno, en las relaciones con los fieles y con sus asociaciones. Una clara señal de prudencia es el ejercicio del diálogo como estilo y método en las relaciones, y también en la presidencia de los organismos de participación, es decir, en la gestión de la sinodalidad en la Iglesia particular. En este aspecto, el papa Francisco nos ha hecho dar un gran paso adelante, insistiendo, con sabiduría pedagógica, en la sinodalidad como dimensión de la vida de la Iglesia. La prudencia pastoral permite al obispo guiar a la comunidad diocesana valorizando sus tradiciones y promoviendo nuevos caminos y nuevas iniciativas.

Para dar testimonio del Señor Jesús, el pastor vive la *pobreza* evangélica. Tiene un estilo sencillo, sobrio y generoso, digno y al mismo tiempo adecuado a las condiciones de la mayoría de su pueblo. Las personas pobres deben encontrar en él un padre y un hermano, sin sentirse incómodas al encontrarse con él o al entrar en su casa. Está personalmente desapegado de las riquezas y no cede a favoritismos basados en estas o en otras formas de poder. El obispo no debe olvidar que, como Jesús, ha sido ungido con el Espíritu Santo y enviado a llevar la Buena Noticia a los pobres (cf. *Lc* 4,18).

Junto con la pobreza efectiva, el obispo también vive esa otra forma de pobreza que es *el celibato y la virginidad* por el Reino de los Cielos (cf. *Mt* 19,12). No se trata solo de ser célibe, sino de practicar la castidad del corazón y de la conducta y, de este modo, vivir el seguimiento de Cristo, para poder manifestar a todos la verdadera imagen de la Iglesia, que es santa y casta en sus miembros como en su Cabeza. Además, deberá ser firme y decidido al afrontar las situaciones que puedan provocar escándalo, así como cualquier caso de abuso, especialmente contra menores, ateniéndose a las disposiciones vigentes.

El pastor está llamado además a cultivar aquellas virtudes humanas que también los Padres conciliares quisieron mencionar en el Decreto *Presbyterorum Ordinis* (n. 3) y que, con mayor razón, son de gran ayuda para el obispo en su ministerio y en sus relaciones. Podemos mencionar la lealtad, la sinceridad, la magnanimidad, la apertura de mente y de corazón, la capacidad de alegrarse con los que se alegran y sufrir con los que sufren; y también el dominio de sí mismo, la delicadeza, la paciencia, la discreción, una gran propensión a escuchar y al diálogo, la disponibilidad al servicio. También estas virtudes, de las que cada uno de nosotros está más o menos dotado por naturaleza, podemos y debemos cultivarlas a semejanza de Jesucristo, con la gracia del Espíritu Santo.

Queridos hermanos, que la intercesión de la Virgen María y de los santos Pedro y Pablo les obtenga a ustedes y a sus comunidades las gracias que más necesitan. En particular, que los ayuden a ser hombres de comunión, a promover siempre la unidad en el presbiterio diocesano, y que cada sacerdote, sin excepción, pueda experimentar la paternidad, la fraternidad y la amistad del obispo. Este espíritu de comunión anima a los presbíteros en su compromiso pastoral y hace crecer en la unidad a la Iglesia particular. Les agradezco su recuerdo en la oración. Yo también rezo por ustedes y los bendigo de corazón.

Amados, elegidos y enviados por el Padre

Homilía con ocasión de la Santa Misa y ordenaciones sacerdotales, Jubileo de los Sacerdotes

BASÍLICA DE SAN PEDRO,
ALTAR DE LA CONFESIÓN

VIERNES, 27 DE JUNIO DE 2025

Hoy, solemnidad del Sagrado Corazón de Jesús, Jornada para la santificación sacerdotal, celebramos con alegría esta Eucaristía en el Jubileo de los Sacerdotes.

Me dirijo, por tanto, en primer lugar, a ustedes, queridos hermanos presbíteros, que han venido a la tumba del apóstol Pedro para entrar por la Puerta Santa, para volver a sumergir sus vestiduras bautismales y sacerdotales en el Corazón del Salvador. Para algunos de los aquí presentes, este gesto se realiza en un día muy especial de su vida: el de la ordenación.

Hablar del Corazón de Cristo en este contexto es hablar de todo el misterio de la encarnación, muerte y resurrección del Señor, confiado de manera especial a nosotros para que lo hagamos presente en el mundo. Por eso, a la luz de las lecturas que hemos escuchado, reflexionemos juntos sobre cómo podemos contribuir a esta obra de salvación.

En la primera, el profeta Ezequiel nos habla de Dios como un pastor que guarda su rebaño, contando sus ovejas una por una: va en busca de las perdidas, cura a las heridas, sostiene a las débiles y enfermas (cf. *Ez* 34,11-16). Nos recuerda así, en un tiempo de grandes y terribles conflictos, que el amor del Señor, por cual estamos llamados a dejarnos abrazar y moldear, es universal, y que a sus ojos —y por tanto también a los nuestros— no hay lugar para divisiones ni odios de ningún tipo.

En la segunda lectura (cf. *Rm* 5,5-11), san Pablo, recordándonos que Dios nos reconcilió «cuando todavía éramos débiles» (v. 6) y «pecadores» (v. 8), nos invita a abandonarnos a la acción transformadora de su Espíritu que habita en nosotros, en un camino diario de conversión. Nuestra esperanza se basa en la conciencia de que el Señor nunca nos abandona; nos acompaña siempre. Sin embargo, estamos llamados a cooperar con Él, ante todo, poniendo en el centro de nuestra existencia la Eucaristía, «fuente y culmen de toda la vida cristiana»[*]; luego «por la fructuosa recepción de los sacramentos, sobre todo en la frecuente acción sacramental de la Penitencia»[†]; y, por último, con la oración, la meditación de la Palabra y el ejercicio de la caridad, conformando cada vez más nuestro corazón al del «Padre de las misericordias»[‡].

Y esto nos lleva al Evangelio que hemos escuchado (cf. *Lc* 15,3-7), en el que se habla de la alegría de Dios —y de todo pastor que ama según su Corazón— por el regreso al redil de una sola de sus ovejas. Es una invitación a vivir la caridad pastoral con el mismo espíritu generoso del Padre, cultivando en nosotros su deseo: que nadie se pierda (cf. *Jn* 6,39), sino que todos, también a través de nosotros, conozcan a Cristo y tengan en Él la vida eterna (cf. *Jn* 6,40). Es una invitación a unirnos íntimamente a Jesús[§], semilla de concordia entre los hermanos, cargando sobre nuestros hombros a los que se han perdido, perdonando a los que han errado, yendo en busca de los que se

---

[*] Concilio Ecuménico Vaticano II, Constitución Dogmática sobre la Iglesia *Lumen gentium*, 21 de noviembre de 1964, 11.

[†] *Ibid.*, Decreto sobre el Ministerio y la vida de los presbíteros *Presbiterorum ordinis*, 7 de diciembre de 1965, 18.

[‡] *Ibid.*

[§] Cf. *Ibid.*, 14.

han alejado o han quedado excluidos, cuidando a los que sufren en el cuerpo y en el espíritu, en un gran intercambio de amor que, naciendo del costado traspasado del Crucificado, circunda a todos los hombres e impregna al mundo. El papa Francisco escribía al respecto: «De la herida del costado de Cristo sigue brotando ese río que jamás se agota, que no pasa, que se ofrece una y otra vez para quien quiera amar. Solo su amor hará posible una humanidad nueva.»[*]

El ministerio sacerdotal es un ministerio de santificación y reconciliación para la unidad del Cuerpo de Cristo[†]. Por eso, el Concilio Vaticano II pide a los presbíteros que hagan todo lo posible por «conducirlos a todos a la unidad de la caridad»[‡], armonizando las diferencias para que «nadie se sienta extraño»[§]. Y les recomienda que estén unidos al obispo y al presbiterio[¶]. En efecto, cuanto mayor sea la unidad entre nosotros, tanto más sabremos llevar también a

---

[*] Francisco, Carta Encíclica *Dilexit nos* sobre el amor humano y divino del Corazón de Jesucristo, 24 de octubre de 2024, 219.

[†] Cf. Concilio Vaticano Ecuménico II, *Lumen gentium*, cit., 7.

[‡] id., *Presbyterorum ordinis*, cit., 9.

[§] Cf. *Ibid.*

[¶] Cf. *Ibid.*, 7-8.

los demás al redil del Buen Pastor, para vivir como hermanos en la única casa del Padre.

San Agustín, a este propósito, en un sermón pronunciado con ocasión del aniversario de su ordenación, hablaba de un fruto gozoso de comunión que une a los fieles, a los presbíteros y a los obispos, y que tiene su raíz en el sentirse todos rescatados y salvados por la misma gracia y por la misma misericordia. Pronunciaba, precisamente en ese contexto, la famosa frase: «Con ustedes soy cristiano y para ustedes, obispo»[*].

En la misa solemne del inicio de mi pontificado, he expresado ante el Pueblo de Dios un gran deseo: «Una Iglesia unida, signo de unidad y comunión, que se convierta en fermento para un mundo reconciliado»[†]. Hoy vuelvo a compartirlo con todos ustedes: reconciliados, unidos y transformados por el amor que brota abundantemente del Corazón de Cristo, caminemos juntos tras sus huellas, humildes y decididos, firmes en la fe y abiertos a todos en la caridad, llevemos al

---

[*] Agustín de Hipona, *Sermón* 340, 1.

[†] León XIV, *Homilía en la Celebración Eucarística con motivo del Inicio del Misterio Petrino del Obispo de Roma*, 18 de mayo de 2025.

mundo la paz del Resucitado, con esa libertad que nace de sabernos amados, elegidos y enviados por el Padre.

Y ahora, antes de concluir, me dirijo a ustedes, queridos ordenandos, que dentro de poco, por la imposición de las manos del Obispo y con una renovada efusión del Espíritu Santo, se convertirán en sacerdotes. Les digo algunas cosas simples, pero que considero importantes para su futuro y para el de las almas que les serán confiadas. Amen a Dios y a los hermanos, sean generosos, fervorosos en la celebración de los sacramentos, en la oración —especialmente en la adoración— y en el ministerio; sean cercanos a su grey, donen su tiempo y sus energías a todos, sin escatimarse, sin hacer diferencias, como nos enseñan el costado abierto del Crucificado y el ejemplo de los santos. Y a este propósito, recuerden que la Iglesia, en su historia milenaria, ha tenido —y tiene todavía hoy— figuras maravillosas de santidad sacerdotal. A partir de la comunidad de los orígenes, la Iglesia ha generado y conocido, entre sus sacerdotes, mártires, apóstoles incansables, misioneros y campeones de la caridad. Atesoren tanta riqueza: interésense por sus historias, estudien sus vidas y sus obras, imiten sus virtudes, déjense encender por su celo e invoquen con frecuencia y con insistencia su intercesión. Nuestro mundo propone muchas veces modelos de éxito y prestigio discutibles e inconsistentes. No se dejen embaucar por ellos. Miren más bien el sólido ejemplo y los frutos del apostolado, muchas veces escondido y humilde, de quien en la vida ha servido al Señor y a los hermanos con fe y dedicación, y mantengan su memoria con su fidelidad.

Encomendémonos finalmente todos a la maternal protección de la Bienaventurada Virgen María, Madre de los sacerdotes y Madre de la esperanza, que sea ella quien acompañe y sostenga nuestros pasos, para que podamos configurar cada vez más nuestro corazón con el de Cristo, sumo y eterno Pastor.

Comunión eclesial y vitalidad de la fe

*Homilía con ocasión de la Santa Misa y
la bendición de los palios para los nuevos
arzobispos metropolitanos en la Solemnidad
de los santos apóstoles Pedro y Pablo*

BASÍLICA DE SAN PEDRO

DOMINGO, 29 DE JUNIO DE 2025

Hoy celebramos a dos hermanos en la fe, Pedro y Pablo, que reconocemos como pilares de la Iglesia y veneramos como patronos de la diócesis y de la ciudad de Roma.

La historia de estos dos apóstoles nos interpela de cerca también a nosotros, que somos la comunidad peregrina de los discípulos del Señor en nuestro tiempo. En particular, viendo sus testimonios, quisiera subrayar dos aspectos: la *comunión eclesial* y la *vitalidad de la fe*.

En primer lugar, la *comunión eclesial*. La liturgia de esta solemnidad, de hecho, nos hace ver cómo Pedro y Pablo fueron llamados a vivir un único destino, el del martirio, que los asoció definitivamente a Cristo. En la primera lectura encontramos a Pedro que, en la cárcel, espera que se ejecute la sentencia (cf. *Hch*

12,1-11); en la segunda encontramos al apóstol Pablo, también él con cadenas, afirmando, en una especie de testamento, que su sangre está por ser derramada y ofrecida a Dios (cf. *2 Tm* 4,6-8.17-18). Tanto Pedro como Pablo, por tanto, dan su vida por la causa del Evangelio.

Sin embargo, esta comunión en la única confesión de la fe no es una conquista pacífica. Los dos apóstoles la alcanzan como una meta a la que llegan después de un largo camino, en el cual cada uno ha abrazado la fe y ha vivido el apostolado de manera diversa. Su fraternidad en el Espíritu no borra la diversidad de sus orígenes: Simón era un pescador de Galilea, Saulo en cambio un riguroso intelectual perteneciente al partido de los fariseos; el primero deja todo inmediatamente para seguir al Señor; el segundo persigue a los cristianos hasta que es transformado por Cristo Resucitado; Pedro predica sobre todo a los judíos; Pablo es impulsado a llevar la Buena Noticia a los gentiles.

Entre ambos, como sabemos, no faltaron conflictos respecto a la relación con los paganos, al punto que Pablo afirma: «Cuando Cefas llegó a Antioquía, yo le hice frente porque su conducta era reprensible» (*Ga*

2,11). Y de dicha cuestión, como sabemos, se ocupará el Concilio de Jerusalén, en el que los dos apóstoles seguirán debatiendo.

Queridos hermanos, la historia de Pedro y Pablo nos enseña que la comunión a la que el Señor nos llama es una armonía de voces y rostros, no anula la libertad de cada uno. Nuestros patronos han recorrido caminos diferentes, han tenido ideas diferentes, a veces se enfrentaron y discutieron con franqueza evangélica. Sin embargo, eso no les impidió vivir la *concordia apostolorum*, es decir, una viva comunión en el Espíritu, una fecunda sintonía en la diversidad. Como afirma san Agustín: «En un solo día celebramos la pasión de ambos apóstoles. Pero ellos dos eran también una unidad; aunque padeciesen en distintas fechas, eran una unidad».[*]

Todo esto nos interroga sobre el camino de la comunión eclesial. Esta nace del impulso del Espíritu, une las diversidades y crea puentes de unidad en la variedad de los carismas, de los dones y de los ministerios. Es importante aprender a vivir la comunión de ese modo, como unidad en la diversidad, para que

---

[*] Agustín de Hipona, *Sermón* 295, 7.

la variedad de los dones, articulada en la confesión de la única fe, contribuya al anuncio del Evangelio. Estamos llamados a seguir caminando por esta senda, mirando precisamente a Pedro y Pablo, porque todos necesitamos de esa fraternidad. Lo necesita la Iglesia, lo necesitan las relaciones entre los laicos y los presbíteros, entre los presbíteros y los obispos, entre los obispos y el papa, así como lo necesitan la vida pastoral, el diálogo ecuménico y la relación de amistad que la Iglesia desea mantener con el mundo. Comprometámonos a hacer de nuestras diversidades un taller de unidad y comunión, de fraternidad y reconciliación para que cada uno en la Iglesia, con la propia historia personal, aprenda a caminar junto con los demás.

Los santos Pedro y Pablo nos interpelan también sobre la *vitalidad de nuestra fe*. En la experiencia del discipulado, de hecho, siempre existe el riesgo de caer en la rutina, en el ritualismo, en esquemas pastorales que se repiten sin renovarse y sin captar los desafíos del presente. En la historia de los dos apóstoles, en cambio, nos inspira su voluntad de abrirse a los cambios, de dejarnos interrogar por los acontecimientos, los encuentros y las situaciones concretas de las comunidades, de buscar caminos nuevos para la evangelización partiendo de los problemas y las preguntas planteados por los hermanos y hermanas en la fe.

Y en el centro del Evangelio que hemos escuchado está precisamente la pregunta que Jesús hace a sus discípulos, y que también nos dirige hoy a nosotros, para que podamos discernir si el camino de nuestra fe conserva dinamismo y vitalidad, si aún está encendida la llama de la relación con el Señor: «Y ustedes, [...] ¿quién dicen que soy?» (*Mt* 16,15).

Cada día, en cada momento de la historia, siempre debemos prestar atención a esta pregunta. Si no queremos que nuestro ser cristiano se reduzca a una herencia del pasado, como tantas veces nos ha advertido el papa Francisco, es importante salir del peligro de una fe cansada y estática, para preguntarnos: ¿quién es hoy para nosotros Jesucristo? ¿Qué lugar ocupa en nuestra vida y en la acción de la Iglesia? ¿Cómo podemos testimoniar esta esperanza en la vida cotidiana y anunciarla a aquellos con quienes nos encontramos?

Hermanos y hermanas, el ejercicio del discernimiento, que nace de estos interrogantes, les permite a nuestra fe y a la Iglesia que se renueven continuamente y que experimenten nuevos caminos y nuevas prácticas para el anuncio del Evangelio. Esto, junto a la comunión, debe ser nuestro primer deseo. En particular, hoy quisiera dirigirme a la Iglesia que peregrina en Roma, porque ella está llamada más que todas a ser signo de unidad y de comunión, Iglesia ardiente de una fe viva, comunidad de discípulos que testimonian la alegría y el consuelo del Evangelio en todas las situaciones humanas.